# Renate König

# STERNSTUNDEN ✷ IM ADVENT ✷

## 24 praktische Gestaltungsvorschläge zum Feiern mit Kindern

Die Deutsche Bibliothek – CIP-Einheitsaufnahme
**König, Renate:**
Sternstunden im Advent: 24 praktische Gestaltungs-
vorschläge zum Feiern mit Kindern /
Renate König. – 1. Aufl. –
München: Bernward bei Don Bosco, 1997
ISBN 3-7698-1046-5


1. Auflage 1997 / ISBN 3-7698-1046-5
© Bernward bei Don Bosco, München
Fotos: Karin Wedekind, Hildesheim
Umschlaggestaltung: Paul König, Hildesheim
Herstellung: Druckhaus Benatzky, Hannover

**Inhalt**

In zunehmenden Maße wird die Adventszeit als Zeit der Hektik und des Stresses angesehen.

Für Kinder ist diese Zeit immer noch voller Geheimnisse – eine Zeit der freudigen Erwartung.

Angesichts dieser kindlichen Vorfreude erinnern wir uns oft mit Sehnsucht an unsere eigene Kindheit, in der es möglich war, sich Zeit zu nehmen für familiäre Adventsfeiern, an gemeinsames Backen, Basteln, Singen und Beten und an den Kerzen- und Tannenduft.

Trotzdem scheint es vielen Familien nicht möglich zu sein, sich der heutigen vorweihnachtlichen Hektik und dem geschäftigen „Weihnachtsstreß" zu entziehen.

Unser Vorbereitungsteam für Kinderbibelwochen sah dies als Aufforderung an, Kinderaktionen – Sternstunden im Advent – für Kinder vorzubereiten und durchzuführen.

Wir waren uns bewußt, daß damit diese Zeit für uns etwas hektischer sein könnte. In Abwägung der positiven und negativen Seiten gewannen die Pluspunkte.

1. Kinder freuen sich auf Sternstunden und kommen gerne.
2. Kinder kommen während der Sternstunden mit anderen Kindern zusammen, erfahren bei Spiel, Gesang, bei Kerzenlicht und Basteln und Beten etwas von der Frohen Botschaft.
3. Eltern können sich während dieser Zeit mit anderen Dingen beschäftigen und haben anschließend etwas mehr Zeit für ihre Kinder.
4. Eltern bleiben während der Sternstunden bei ihren Kindern und feiern dann anschließend zu Hause auch Advent, oder sie helfen mit bei Bastelein und fangen an, Familientraditionen aufzubauen.
5. Viele Mitarbeiter in unserem Vorbereitungsteam waren anfangs „nur zufällige Zaungäste".
6. Trotz aller Arbeit macht es uns auch Spaß!

Seit 1987 gibt es in unserer Gemeinde diese Adventsaktionen für Kinder. Schon im Sommer fragen die Kinder nach, wann endlich wieder Sternstunden stattfinden. Oder wann Sternchen (Sternpuppe als Kontaktfigur) wiederkommt. Etwa siebzig Kinder zwischen drei und zehn Jahren nehmen jährlich an den Sternstunden teil; nicht mitgezählt sind die Kleinstkinder, die von ihren Müttern mitgebracht werden und auf dem Schoß oder im Kinderwagen das Geschehen verfolgen.

Ganz herzlich bedanke ich mich bei den vielen MitarbeiterInnen, die mit ihrem Elan und mit ihren Ideen die Sternstunden wesentlich bereichert haben. Weil diese Aktion eigentlich in jeder Gemeinde organisiert werden könnte, soll dieses Anleitungsbuch mit allen praktischen Hinweisen entstehen.

In der Einladung werden die Kinder gebeten, Schere, Stifte und Kleb-stoff selbst mitzubringen; manche Kinder, die dies vergessen, dürfen sich bei anderen Kindern etwas ausleihen.

Pappen oder Großkartons erhalten Sie an bestimmten Tagen in Kauf-häusern. Holzabfälle und Latten sind in Baumärkten oder bei einem Tischler billig zu erwerben.

Die Kosten können durch Spenden der Eltern oder durch einen Tages-preis (DM 2,- pro Kind) gedeckt werden.

An den einzelnen Tagen während der Sternstunden bekommt jedes Kind etwas zu trinken und einen Lebkuchenstern.

Bei der Abschlußfeier am letzten Tag bringt jedes Kind so viel mit, wie es tatsächlich essen kann (Weihnachtsgebäck oder Obst für einen Obstsalat). Die Tische werden sorgfältig gedeckt, mit Kerzen und selbstgebastelten Sternen geschmückt. Mit Liedern und einem kurzen Gebet beginnt diese Feier.

Die mitgebrachten Kekse werden auf verschiedenen Tellern angerich-tet (auch hier können die Kinder teilen lernen).

Bitte denken Sie daran, wenig Müll zu verursachen. Kein Papp- oder Plastikgeschirr und keine Einwegflaschen! Es gibt immer Eltern, die anschließend beim Abwaschen mithelfen.

Auch bei Sternstunden hilft uns eine Kontaktfigur – eine Sternpuppe, ein Schaf oder ein Esel – die wir vorher genäht haben (Anleitung im Anhang). Unser Sternchen begrüßt die Kinder an jedem Tag, erzählt von seinen eigenen Erlebnissen, Wünschen und Vorstellungen. Stern-chen stellt auch Fragen, wenn es glaubt, etwas war von Kindern nicht richtig verstanden, stellt richtig, Sternchen ist überhaupt der Modera-tor, der von Kindern geliebt wird und der Kinder zum Erzählen und Mitmachen animieren kann.

Wir haben darauf geachtet, daß unsere „Andachten" am Schluß der Sternstunde nicht zu lange waren.

Zu unserer Andacht gehörte:

– der Kerzenbaum, den wir in die Mitte des Saales stellten. Die Kinder kennen diesen Beginn und setzen sich in großem Kreis darum. Dann dürfen von verschiedenen Kindern jeweils so viele Kerzen angezün-det werden, wie das Datum anzeigt (am 5. - fünf Kerzen etc.)

– wir erinnern uns an die vergangenen Stunden:
  • was haben wir heute getan
  • was hat uns Spaß gemacht, was haben wir auf dem Weg nach Beth-lehem erlebt und von Gott erfahren?

Mit einem Lied, dem gemeinsamen Vaterunser und dem Segen been-deten wir die Andacht.

**Lieder**

Schon in der Vorbereitungsphase werden die passenden Lieder gesammelt, um sie in einem Sternstundenliederheft kopiert zusammenzustellen. Sorgen Sie dafür, daß jedes Kind ein Heft erhält und mit seinem Namen versieht. Während der Sternstunden werden die Lieder gesungen und bald gibt es „Hits", die die Kinder immer wieder singen wollen. Ganz wichtig ist es, Mitarbeiterinnen oder Mitarbeiter zu gewinnen, die ein Instrument spielen können wie z. B. Gitarre oder Flöte, um die Lieder zu begleiten.

**Schmusekissen**

Viele Kinder nehmen auf Reisen ein Schmusekissen o. ä. mit, damit sie sich wohler fühlen. Aus diesem Grunde haben wir uns für den Weg nach Bethlehem ein Schmusekissen in Wolkenform ausgedacht, das vom Vorbereitungsteam genäht wurde.
Ein hellblau eingefärbter Stoff wird doppelt in Wolkenform ausgeschnitten, mit einfacher Naht zusammengenäht, umgestülpt, mit Schaumstoff-Flocken gefüllt und zugenäht.

Die Kissen wurden am ersten Tag ausgeteilt und mit Namen versehen. An den einzelnen Tagen saßen die Kinder darauf. Am Ende der Sternstundenzeit durften die Kissen nach Hause mitgenommen werden.

**Der Kerzenbaum**

Der Kerzenbaum ist ein Begleiter durch die Adventszeit. In der Vorbereitungszeit wurde er aus Holz gebaut. Vor Beginn der Andacht wird er in den Sitzkreis gestellt. Von Tag zu Tag strahlen mehr Kerzen, bis am Hl. Abend (evtl. während der Krippenfeier) alle 24 Kerzen brennen.

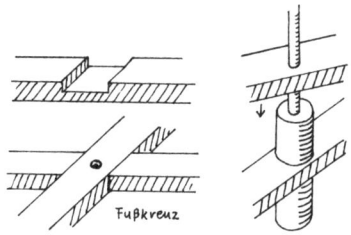

Fußkreuz

Material:
Je zwei Holzlatten ca. 2 cm dick und 8 cm breit
zwei in 80 cm Länge
zwei in 69 cm  „
zwei in 58 cm  „
zwei in 47 cm  „
zwei in 36 cm  „
zwei in 25 cm  „
Wir brauchen also insgesamt 6,30 m Latten, 2 cm dick und 8 cm breit.

Wir benötigen außerdem ein Lattenkreuz für den Fuß (etwa 40 cm), ein Rundholz für den Stiel oder eine Gewindestange in einer Länge von 1,50 cm, 14 unterschiedlich lange Holzringe oder durchgebohrte Rundholzstücke.

Außerdem 24 Holzringe (innerer Kreis in Kerzendicke) als Kerzenhalter.

Die Holzlatten in entsprechender Länge zusägen. Jeweils in der Mitte der Latten wird ein Loch eingebohrt mit dem Durchmesser des Rundholzes (oder ein Loch in der Dicke der Gewindestange).

Für das Lattenkreuz des Ständers muß in die obere Latte eine Fuge eingesägt werden (in der entsprechenden Breite). Nachdem die beiden Latten mit Holzleim zusammengeklebt wurden, wird ein Loch für das Rundholz/die Gewindestange gebohrt.

Nachdem die Gewindestange mit einer Mutter befestigt oder das Rundholz eingeklebt ist, wird der Kerzenbaum zusammengesetzt. Abwechselnd werden die Rundholzstücke und Latten (die längsten unten) aufgefädelt. Oben an der Spitze kann ein Stern befestigt werden.

Die Latten sollen so aufgefächtert werden, daß unmittelbar über den Kerzen keine Brandgefahr entsteht.

Während der Vorbereitungszeit wird festgelegt, wer von den Helfern ca. 1/2 Std. früher am Tagungsort ist, Tische und Stühle bereitstellt, Getränke eingießt und die früher kommenden Kinder empfängt.

## Die Adventsuhr

Jedes Kind erhält zu Beginn der Sternstunden eine vorher kopierte Sternuhr (Anhang – Kopiervorlage), die es anmalen kann, auf der es sehen kann, wann die nächste Sternstunde stattfindet und wie viele Tage es noch dauert, bis endlich das Christkind kommt.

Auf der Adventsuhr sind auch die sonntäglichen Gottesdienste als Sternstunden markiert.

## Kinder- und Familienmesse am Sonntag

In manchen Jahren wird das Thema der Sternstunden im Gottesdienst aufgenommen; dort werden auch Lieder gesungen und manches aus der Sternstunde eingebracht, wie z. B. Schmuck für den Christbaum in der Kirche, die Sternkette der Sternstunden an Weihnachten im Altarraum, der Kerzenbaum mit 24 brennenden Kerzen, etc.

## Die Krippenfiguren

Auf Kopiervorlagen im Anhang erhalten Sie mehrere Vorschläge für einen Krippenaufbau für jedes Kind (und auch für das Pfarrheim).

Wir haben den Kindern jeweils die Tagesfiguren zum Ausschneiden und Anmalen gegeben, die sie dann auch an diesem Tage mit nach Hause nehmen durften.

**Namensschildchen**

Damit die Kinder mit ihrem Namen angesprochen werden können, werden Namensschildchen ausgeschnitten und umgehängt; wenn jeweils eine begrenzte Zahl von verschiedenen Farben ausgeteilt werden, sind die Kinder schnell in Gruppen unterteilt.

**Tischrunde**

Die Tischrunde sollte möglichst groß gehalten sein, damit im Innenraum Platz bleibt, um Spiele zu machen oder aber auch gemeinsam auf dem Boden im Kreis zu sitzen.

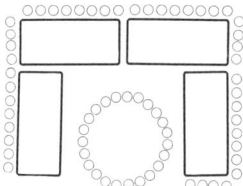

**Das Plakat**

Etwa zwei Wochen vor Beginn der Sternstunden sollte mit einem Plakat auf die Adventsaktion der Kinder hingewiesen werden.
Die Plakate, als Kopiervorlage vor den einzelnen Einheiten im Buch, benötigen noch folgende Texte bezw. Angaben: Tagungsort, Adresse und Termine.

**Die Einladung**

Mit den Sternstundeneinladungen (Stundenpläne, auf denen die Tage und Zeiten der Treffen eingetragen sind) haben wir die Kinder persönlich im Kindergarten und in der Schule angesprochen. Uns wurde ermöglicht, sie den Kindern in ihren einzelnen Klassen oder Gruppen auszuteilen.
Auch im Pfarrbrief wurden die Termine veröffentlicht. Zudem wurden im Schriftenstand der Kirche und beim nahe gelegenen Bäcker noch einige Exemplare ausgelegt.

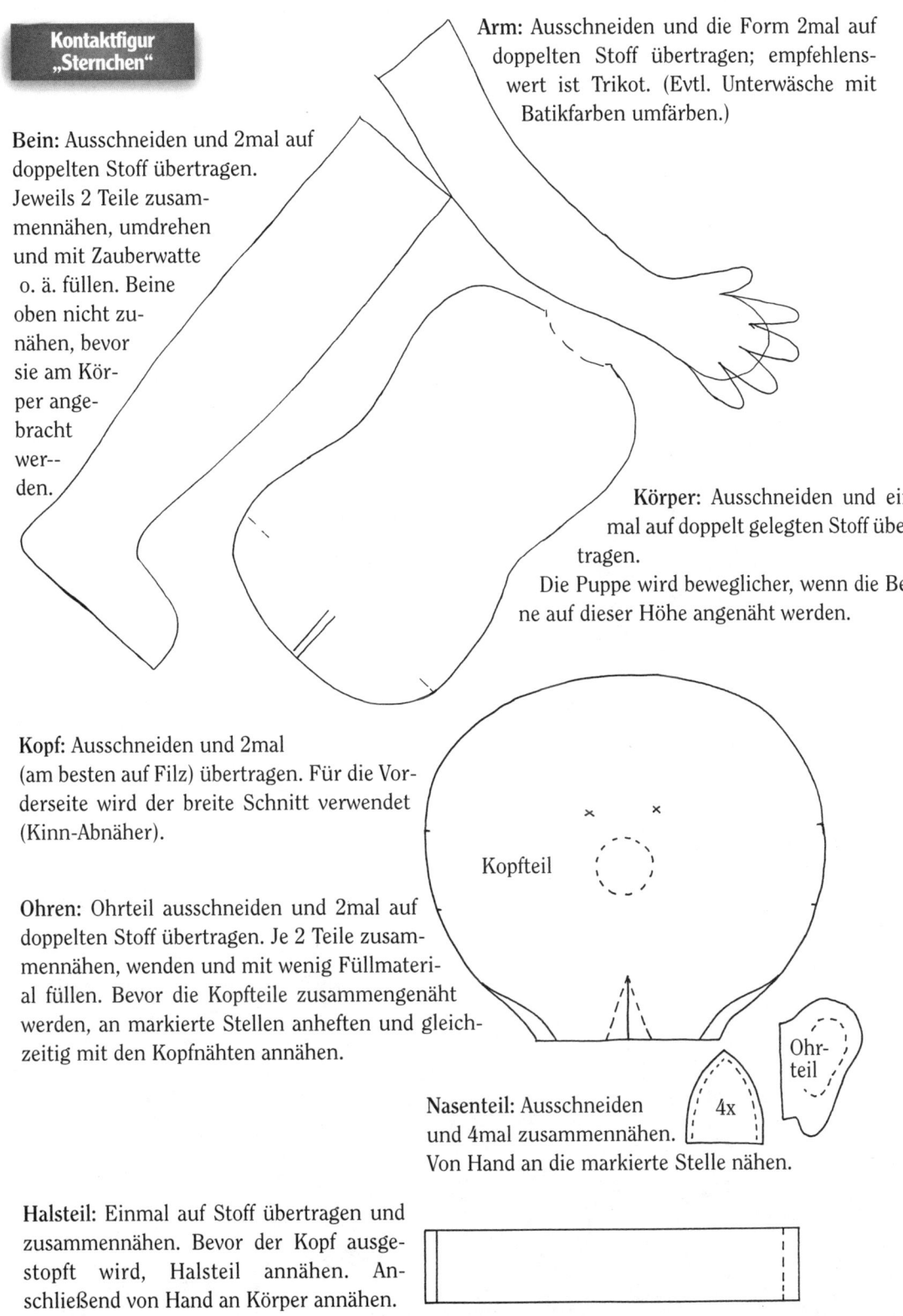

**Kontaktfigur „Sternchen"**

**Arm:** Ausschneiden und die Form 2mal auf doppelten Stoff übertragen; empfehlenswert ist Trikot. (Evtl. Unterwäsche mit Batikfarben umfärben.)

**Bein:** Ausschneiden und 2mal auf doppelten Stoff übertragen. Jeweils 2 Teile zusammennähen, umdrehen und mit Zauberwatte o. ä. füllen. Beine oben nicht zunähen, bevor sie am Körper angebracht werden.

**Körper:** Ausschneiden und einmal auf doppelt gelegten Stoff übertragen.
Die Puppe wird beweglicher, wenn die Beine auf dieser Höhe angenäht werden.

**Kopf:** Ausschneiden und 2mal (am besten auf Filz) übertragen. Für die Vorderseite wird der breite Schnitt verwendet (Kinn-Abnäher).

**Ohren:** Ohrteil ausschneiden und 2mal auf doppelten Stoff übertragen. Je 2 Teile zusammennähen, wenden und mit wenig Füllmaterial füllen. Bevor die Kopfteile zusammengenäht werden, an markierte Stellen anheften und gleichzeitig mit den Kopfnähten annähen.

Kopfteil

Ohrteil

**Nasenteil:** Ausschneiden und 4mal zusammennähen.
Von Hand an die markierte Stelle nähen.

4x

**Halsteil:** Einmal auf Stoff übertragen und zusammennähen. Bevor der Kopf ausgestopft wird, Halsteil annähen. Anschließend von Hand an Körper annähen.

**Sternchenmütze:** Stern einmal ohne und einmal mit Kopföffnung auf Stoff übertragen und ausschneiden.

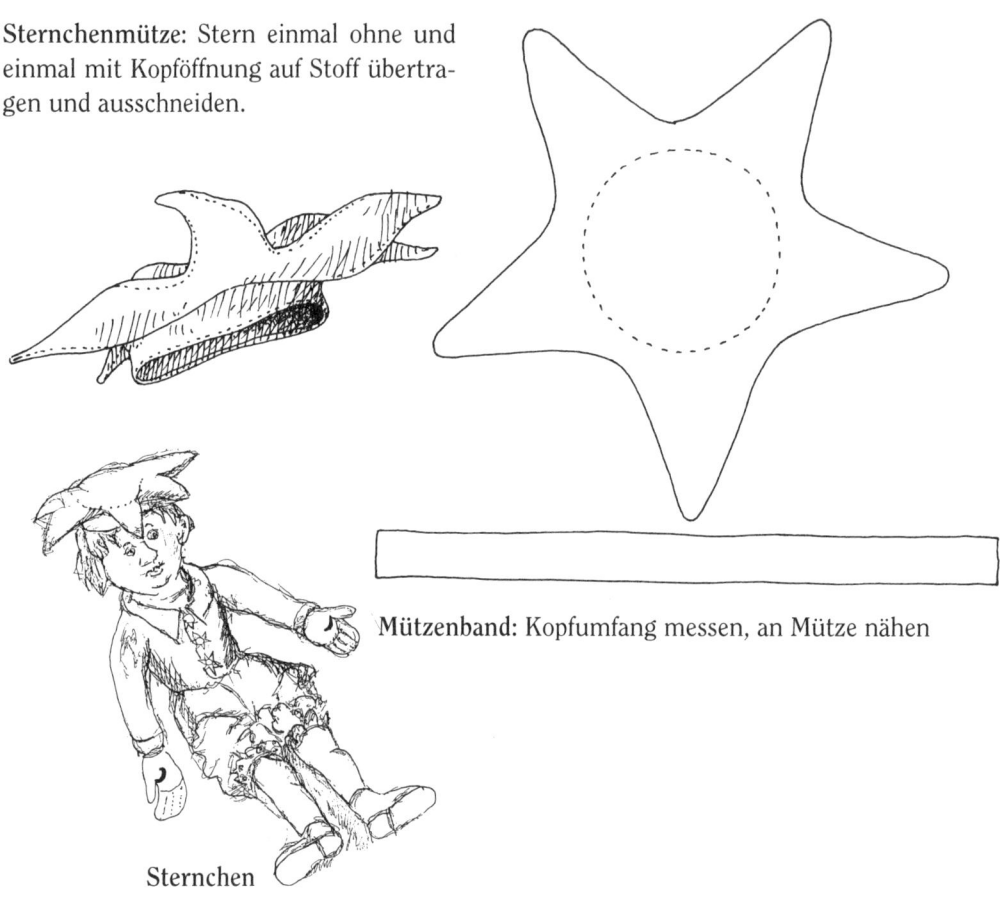

Mützenband: Kopfumfang messen, an Mütze nähen

Sternchen

| Lieder | Zu den uns bekannten traditionellen Weihnachtsliedern haben wir neuere, kindliche Lieder ausgesucht. Einige sind in diesem Buch zu finden. Wir haben aber auch sehr gern auf die alten Advents- und Weihnachtslieder in den Sternstunden zurückgegriffen. |

STERNSTUNDEN FÜR KINDER

KOMM WEIHNACHTSSTERN

WUNSCHTRÄUME

BACKEN, BASTELN, BETEN, SINGEN, SPIELEN, ESSEN UND TRINKEN

# STERNSTUNDEN

Die Adventszeit ist die Zeit vieler geheimer Wünsche; viele Wünsche sind nicht käuflich. Wenn wir aufeinander achten, können wir selbst Freudenbringer sein.

 **1. Tag**
* Begrüßung
  Sternchen
* Lied
* Namensschildchen
* Kalenderuhren
* Lied
* Pause
* Überleitung Nikolaus
* Nikolaus – Geschichte
  oder Dias
* Jedes Kind bekommt ein
  kleines Nikolauspäckchen
* Andacht um den Kerzen-
  baum

 **2. Tag**
* Begrüßung
  Sternchen
* Fensterbild Hirte
  an Fenster heften
* Hirtenjunge und Schafe
  ausschneiden und anma-
  len
* Hirtengeschichte
  erzählen
* Gespräch: Was wünscht
  sich ein Hirte?
* Pause
* Glockenbändchen basteln
* Fortsetzung Hirtenge-
  schichte
* Andacht um den Kerzen-
  baum

 **3. Tag**
* Begrüßung
* Lied
* Sternkette
  basteln
* Gespräch: Was wünsche
  ich mir?
* Fensterbild
* Erzählung: Fortsetzung
  Hirtengeschichte
* Kopierte Figuren an-
  malen und ausschneiden
* Lieder
* Wortspiel: Stille Post
* Nußtrommeln basteln
* Liedkreis
* Andacht

Vorbereitungen:

Namensschilder kopieren,
Waschklammern besorgen,
Liederheftchen verviel-
fältigen,
Adventskalenderuhren
vergrößern,
Kekse, Kaffee und Saft
besorgen,
Nikolauspäckchen packen,
Kerzenbaum herstellen,
Kerzen, Nikolaus, Dias
besorgen

Vorbereitungen:

Fensterbild Hirte,
Bastelbogen Hirten kopieren,
Kekse, Kaffee und Saft,
verschiedenfarbige Wolle
25 cm lang,
für jedes Kind eine kleine
Glockenschelle,
Kerzenbaum

Vorbereitungen:

Vorgezeichnete Sterne für
Sternkette,
Fensterbild Mutter und
Kind,
Kopierte Figuren Mutter
und Kind,
Walnüsse, Holzkugeln,
Holzdübelstangen,
Bindfäden,
Kerzenbaum

**4. Tag**
* Begrüßung
* Lied
* Fensterbild Könige
* Bastelbogen Könige anmalen, ausschneiden
* Erzählung
* Gespräch: Was wünschen sich Könige
* Pause
* Kasu oder Fernrohre basteln
* Teelichtsterne
* Andacht
* Kerzenbaum

 **5. Tag**
* Begrüßung
* Fensterbild Maria und Josef anheften
* Lied
* Gespräch: „Elternwünsche"
* Erzählgeschichte
* Basteln: Tonsterne
* Spiel: Reise nach Bethlehem
* Pause
* Lied
* Spiel: Bunter Teller
* Liedkreis
* Basteln: Sternverpackung
* Andacht

**6. Tag**
* Begrüßung Sternchen
* Fensterbild Jesuskind
* Basteln, Jesuskind ausschneiden und anmalen
* Geschichte
* Gespräch: Was wünschen sich Kinder?
* Pause
* Spiele
* Lieder
* Andacht

Vorbereitungen:

Fensterbild Könige und Kamel, Kopierte Figuren Könige und Kamel, Saft, Kaffee und Gebäck, Papprollen (eine pro Kind), Pergamentpapier, Gummibändchen, Toilettenpapierrollen, Tonpapierstreifen, Klebstoff, Bindfaden, Teelichter, Tonpapier und Transparentpapier und Transparentpapier für Teelichtsterne, Kerzenbaum

Vorbereitungen:

Fensterbild Maria und Josef, Kopierte Figuren Maria und Josef, Ton, Unterlagen, Backrollen, Sternbackförmchen, Hölzchen, Nägel etc., Kekse und Saft, Ausgezeichnete Verpackungen, Kerzenbaum

Vorbereitungen:

Fensterbild, Kopiertes Jesuskind, Weihnachtsgebäck und Saft, Kerzenbaum

**1. Tag**

**Sternchen begrüßt die Kinder und stellt die Betreuerinnen und Betreuer vor.**

*„Hallo Kinder, da seid Ihr ja. Ich habe mir gewünscht, daß viele Kinder zu den Sternstunden kommen. Ich freue mich so. Ihr seid alle gekommen. Zuerst sollt Ihr auch wissen, wer ich bin – ich bin Sternchen. In der Adventszeit könnt Ihr uns Sterne besonders leuchten sehen; es wird schon früher dunkel, und Ihr seid noch wach, wenn wir am Himmel stehen. Ich habe mir gewünscht, die Zeit vor Weihnachten mit Euch zu verbringen. Während dieser Zeit habt Ihr hier auf der Erde auch ganz viele Lichter; ich will mal miterleben, was hier so geschieht, während man auf den Weihnachtsstern wartet, der die Geburt von Jesus anzeigt.*
*Ich weiß, daß Ihr gerne singt. Welches Lied sollen wir denn zuerst singen? Schaut mal in das Liederheft, das jetzt ausgeteilt wird."*

**Lied**

Lied nach Wunsch

Sternchen: *Mich kennt Ihr jetzt schon. Ich möchte Euch auch gerne kennenlernen. Ihr bekommt jetzt Namensschildchen, die Ihr anmalen und ausschneiden könnt. So können wir uns alle schneller kennenlernen. Dann wissen wir, wie jeder heißt. Die Leute hier, neben mir, haben die Sternstunde mit vorbereitet; sie erzählen Euch jetzt, wer sie sind.*

**Namensschilder**

Namensschilder werden ausgeschnitten, angemalt, mit Namen versehen und auf einer Wäscheklammer festgeklebt.

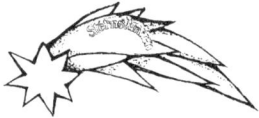 

**Gemeinsames Singen**

Adventskalender werden ausgeteilt; der ausgeschnittene Zeiger wird mit einer Musterklammer in der Mitte der Uhr befestigt.

Bratäpfel und Gebäck

*Rezept Bratäpfel:*

*4 große Äpfel*
*1 Teelöffel Butter*
*8 Stück Würfelzucker*
*4 Teelöffel Johannisbeergelee*
*1 Eßlöffel Rosinen*
*2 Eßlöffel Mandelsplitter*
*1 Päckchen Vanillesoße*
*1/2 Liter Milch*
*2 Eßlöffel Zucker*

*Äpfel waschen, vom Kerngehäuse befreien und in gefettete feuerfeste Form setzen. Je ein Stück Würfelzucker in die Äpfel stecken. Johannisbeergelee mit Rosinen einfüllen und die Öffnung mit Würfelzucker verschließen. Die Äpfel 45 Minuten im Ofen backen. Anschließend mit gerösteten Mandelsplittern bestreuen. Vanillesoße nach Anweisung kochen und dazugießen.*

Nikolausdias werden gezeigt (Der hl. Nikolaus, Reinhard Veit - Paul König, Impuls Studio München)

oder es wird eine Nikolausgeschichte vorgelesen.

*„Die Legende vom armen Kaufmann und vom alten Teppich"*
Erzählung von Willi Fährmann

*Herr und Frau Mühlen waren alt und grau geworden. Im Jahre zuvor noch hatte Herr Mühlen in seinem kleinen Laden gestanden und hatte Heringe und Salz und Mehl verkauft. Aber die Geschäfte gingen immer schlechter. Als der Laden dann geschlossen wurde, blieb ein Berg von Schulden zurück. Die Mühlens hatten fast alles verkaufen müssen, was sie besaßen, um die Schulden bezahlen zu können. Nun hockten sie in einer Zweizimmerwohnung und wußten kaum, wie sie das Essen und die Miete für die nächste Zeit aufbringen sollten.*
*„Bald ist Nikolaustag", sagte Herr Mühlen. Auch seine Frau erinnerte sich: „Weißt Du noch? Solange wir uns kennen, haben wir jedes Jahr*

am Nikolausabend die ganze Familie zusammengerufen, echte Bienenwachskerzen zu Ehren des Heiligen angezündet, die alten Lieder gesungen und die Kinder beschert."

„Ja, ja", spann Herr Mühlen den Faden weiter, „alle unsere sieben Enkel waren noch im letzten Jahr bei uns. Es war ein herrliches Fest."

Sie weckten alte Geschichten wieder auf und erinnerten sich an die schöne Zeit der Nikolausfeste in den vergangenen Jahren, und für einen Abend war ihre Traurigkeit vertrieben. „In diesem Jahr gibt es keine Kerzen, keinen Wein, keine Nikolausfeier und auch keine Geschenke für die Kinder", sagte Frau Mühlen. „Zum ersten Mal seit über vierzig Jahren werden wir das Nikolausfest nicht feiern können."

„Wir sollten vielleicht irgend etwas verkaufen", schlug der Mann vor.

„Verkaufen? Wir besitzen doch fast nichts mehr. Die Möbel, die wir haben, stammen vom Müllplatz. Sogar die alte Uhr von meinem Vater haben wir hergegeben. Was willst du also verkaufen?"

„Den Teppich", sagte er zaghaft.

Tatsächlich besaßen die Mühlens noch einen ziemlich großen orientalischen Teppich. Den hatte ihnen ein Onkel zu ihrer Hochzeit geschenkt.

„Wer wird denn für diesen alten Teppich noch etwas geben?" fragte die Frau. Sie hing sehr an dem alten Stück und hatte es während der ganzen Zeit ihrer langen Ehe sorgsam gepflegt. Aber dann fiel ihr ein, wie sehr sie beide das Nikolausfest vermissen würden, wie die Enkelkinder danach fragten, und dann dachte sie auch, daß der Heilige sich wundern könnte, wenn dieser Tag so sang- und klanglos vorüberginge. „Von mir aus, versuch es", willigte Frau Mühlen schließlich ein.

Am nächsten Morgen rollte der Mann den Teppich auf und trug ihn zum Trödelmarkt. Die Last wog nicht leicht, und Herr Mühlen war ziemlich außer Atem geraten, als er die Rolle schließlich auf den Boden gleiten ließ. Kaum hatte er den Teppich ausgerollt, da trat ein alter Mann mit einem langen, weißen Bart und klugen, hellen Augen zu ihm und sagte: „Wollen Sie den Teppich verkaufen?"

„Ja, das will ich", antwortete Herr Mühlen.

Der Alte prüfte das Material zwischen den Fingern und sagte: „Das ist ein schönes, altes Stück. So etwas sollten Sie eigentlich nicht weggeben."

„Wir brauchen das Geld. Unsere Enkel kommen am Nikolausabend zu uns. Dann wollen wir mit ihnen feiern, haben aber kein Geld."

„So, so", murmelte der Alte. Schließlich blickte er Herrn Mühlen an und meinte: „Was würden Sie sagen, wenn Ihnen jemand für diesen Teppich zehntausend Mark anbieten würde?"

„Das müßte ein Verrückter sein", lachte Herr Mühlen. „Wir besitzen ihn schon über vierzig Jahre. Wer, außer einem Verrückten, gäbe für einen alten Teppich soviel Geld?"

„Ich", antwortete der Alte. Ehe sich Herr Mühlen von seinem Staunen erholt hatte, fuhr er fort: „Ich betrüge nicht, und dies ist wirklich ein kostbarer alter Teppich aus Persien. So etwas wird heute selten angeboten. Ich verstehe mich auf Teppiche."

So kam es zum Handel. Herr Mühlen mußte gleich mit in das Bankhaus am Flohmarkt. Der alte Mann holte dort zehn Tausendmarkscheine und gab sie Herrn Mühlen. Der hatte schon lange keinen braunen Riesenschein mehr in der Hand gehabt und stand verwirrt in der Schalterhalle. Der alte Mann schüttelte ihm die Hand und lud sich die Teppichrolle auf die Schulter. Dies geschah so leicht, als wöge der Teppich kaum etwas oder als sei der alte Mann geübt darin, des öfteren eine schwere Last, etwa einen Sack, auf dem Rücken zu schleppen.

Herr Mühlen kaufte in den Läden rund um den Trödelmarkt gleich ein, was für das Nikolausfest gebraucht wurde: rotbackige Äpfel und dicke Apfelsinen, Nüsse und Plätzchen, Schokoladennikoläuse und einen guten Wein. Für die Enkel vergaß er die Geschenke nicht, und zur Feier des Nikolaustages erstand er eine ganz dicke, echte Bienenwachskerze. Spät kam er zu Hause an, beladen mit Päckchen, Tragetaschen und Tüten.

Frau Mühlen hatte lange auf ihren Mann gewartet und war im Laufe der Stunden sehr ärgerlich geworden. Kurz nachdem Herr Mühlen mit der Teppichrolle auf den Trödelmarkt gegangen war und sie dachte, jetzt könnte er den Teppich ausgerollt haben, hatte es geschellt. Sie öffnete. Die Treppe herauf kam ein alter Mann mit einem langen, weißen Bart. Er schleppte einen aufgerollten Teppich, ihren Teppich, in die Wohnung, blickte sie mit hellen Augen an und sagte: „Ich wollte Ihnen nur den Teppich herauftragen und wünsche Ihnen ein schönes Nikolausfest."

Ehe sie ihn noch weiter befragen konnte, stapfte er schon wieder die Treppe hinunter. Was sollte Frau Mühlen anders denken, als daß ihr Mann sich den Verkauf doch noch einmal überlegt hatte. – Vielleicht ist er ins Wirtshaus gegangen und will seinen Kummer ertränken, dachte sie bei sich. Sie nahm sich vor, ihn nicht besonders freundlich zu empfangen.

Und dann kam er, fröhlich und bepackt, und er staunte nicht schlecht, als er den Teppich wieder ausgerollt im Zimmer liegen sah. Vielleicht hat sich der alte Herr die Sache nochmals überlegt und will den Verkauf rückgängig machen, dachte er und war ein wenig ängstlich, weil einer der Tausendmarkscheine schon beträchtlich angeknabbert war. Aber einige Tage vergingen, und die Mühlens sahen und hörten nichts mehr von dem Alten.

So luden sie für den Nikolausabend ihre Kinder und Enkel wie eh und je zum fröhlichen Fest ein. Sie zündeten die dicke Nikolauskerze an und bescherten die Kinder.

Später erzählten die beiden alten Leute eifrig die seltsame Geschichte vom Teppich. Die Söhne und Töchter schämten sich ein wenig; denn sie hatten gar nicht gewußt, daß es bei ihren Eltern mit dem Geld so schlecht bestellt gewesen war.

Der kleine Enkel Ludwig, gerade vier Jahre alt, erkundigte sich genau nach dem alten Mann. „Er hatte wirklich einen langen, weißen Bart?" fragte er. „Ja, der Bart war silbrigweiß und lang."

„Und seine Augen blickten hell und freundlich?"

„Ja, er schaute uns freundlich an", bestätigten beide Großeltern.

„Und ganz leicht trug er den schweren Teppich? Er war es gewohnt, eine schwere Last zu schleppen?" „Ja, du Quälgeist, alles war so, wie ich es vorhin schon erzählt habe", gab der Großvater lachend Auskunft.

„Ich weiß, wer der alte Mann war", sagte der kleine Ludwig bestimmt. „Ich kenne ihn".

„So?" fragte die Großmutter. „Du kennst ihn? Da sind wir aber alle sehr gespannt."

„Es war", verkündete der kleine Ludwig selbstsicher, „es war der heilige Nikolaus selber."

Zuerst lachten alle laut. Je länger sie jedoch über die Worte nachdachten, desto merkwürdiger kamen ihnen die Worte des kleinen Jungen vor, und sie spürten in ihrem Herzen, daß wohl ein Körnchen Wahrheit darin verborgen lag.

Aus: Willi Fährmann, Und leuchtet wie die Sonne, echter Verlag Würzburg, 4. Aufl. 1991

| **Lied** | *„Nikolauslied"* |

| **Geschenke** | Kleine Päckchen werden an die Kinder ausgeteilt |

| **Andacht** | Lieder um den Kerzenbaum |

Gebet:

*Lieber Gott*
*Die Güte des hl. Nikolaus strahlt bis in unsere Zeit.*
*Wir wissen, ungezählt sind die Menschen, die Tag für Tag Gutes tun.*
*Sie geben Deine Liebe weiter, sie helfen ihren Mitmenschen; sie versuchen Deine Schöpfung zu bewahren. Das ist wirklich ein strahlender Sternenhimmel — Wir danken Dir dafür.*

Gemeinsames Vaterunser
Segen
Lied

## 2. Tag

**Begrüßung Sternchen**

**Fensterbild**

Hirtenjunge (Transparent) wird an ein Fenster geklebt.

**Basteln**

Hirtenjunge und einige Schafe werden an die Kinder zum Ausmalen und Ausschneiden ausgeteilt.

**Geschichte**

*„Hirtengeschichte"*

*Das ist der kleine Josua. Er lebt mit seiner Familie in der Nähe der Stadt Bethlehem. Der Vater ist Schafhirte und meist vor den Toren der Stadt bei seinen Schafen.*
*Es kann vorkommen, daß die Kinder den Vater wochenlang nicht sehen, wenn die Weideplätze weit entfernt in den Bergen liegen. Dann wartet die Familie auf den Tag, an dem der Vater heimkommt und von seinen Erlebnissen erzählt. Heute ist so ein Tag. Josua hat Geburtstag. Schon immer, seit er denken kann, hat sich Josua gewünscht, so groß zu werden, daß er mit seinem Vater gehen darf, um ihm bei der Herde zu helfen. Der Vater hatte ihm gesagt: „Wenn du so groß bist, daß du den Hirtenstab halten kannst, dann ist es soweit, dann kannst du uns beistehen". Jedesmal, wenn der Vater heimkam, schlich sich Josua in die Ecke, in der der Stab stand, und versuchte mit seiner kleinen Hand den Stock zu umfassen. Oder er stellte sich neben den Stab, um seine Größe zu messen. Manchmal hatte er richtig Angst, daß er überhaupt nicht gewachsen sei, denn immer war der Hütestab so viel länger als er. Ging denn sein Wunsch überhaupt nie in Erfüllung?*
*In der letzten Zeit, beim letzten Besuch des Vaters hatte er gesehen, daß der Stab kürzer geworden war. Oder war er vielleicht doch endlich gewachsen? Mutter und Nachbarn, die ihn sahen, staunten, wenn sie ihn sahen: „Josua, du hast ja einen großen Schuß gemacht, Man erkennt dich kaum noch. Du wirst sicher einmal ein richtiger Hütebub." Das hat ihn ganz froh gemacht. Ob der Vater das auch bemerken würde? Mutter lächelte geheimnisvoll, wenn er sie fragte. Sie war dabei,*

*eine neue Jacke für ihn zu nähen, denn die vom letzten Jahr war auch so viel kleiner geworden.*

*Josua stand vor der Tür und wartete auf den Vater. Hoffentlich hatte er nicht vergessen, daß sein Sohn heute Geburtstag hatte. Aber nein, von weitem konnte er ihn erkennen. Mit großen Schritten eilte er auf das Haus zu. Josua rannte ihm entgegen. Endlich, endlich, der Vater! Und dann lagen sie sich in den Armen, Vater hob ihn hoch und gratulierte ihm. Dabei bemerkte er froh, daß Josua ja ein kleiner Riese geworden war, den man kaum noch auf den Arm nehmen konnte.*

*Und dann geschah es, als sie im Zimmer standen, der Vater übergab ihm den Hirtenstab. Seine kleine Hand konnte ihn umspannen, und der Stab war überhaupt nicht mehr so riesig wie früher.*

*„Du bist groß geworden, mein Junge", sagte der Vater zu ihm, „du darfst nun mit mir gehen und alles lernen, was ein Hirte wissen muß."*

*Was für ein Glück, sein Wunsch war in Erfüllung gegangen. Der Vater gab ihm auch ein Geschenk – es war ein etwas kleinerer Stab, den der Vater, abends bei der Herde, schön verziert hatte. Und Mutter schenkte ihm die neue Jacke. Josua war glücklich, endlich war er ein Hütebub geworden.*

**Gespräch**

Was wünscht sich ein Hirte?
(Kein Schaf soll sich verirren, saftige Weiden, viele gesunde Lämmer etc.)

**Pause**

Essen und Trinken

**Basteln**

Glockenbändchen, damit sich niemand verirrt.
Für jedes Kind werden drei 25 cm lange Wollfäden und eine kleine Glocke mit Öse benötigt. Die Wollfäden werden zur Hälfte umgelegt. Es entsteht oben eine Schlaufe.

Das Glöckchen wird auf die Fäden bis zur Mitte der Schlaufe aufgezogen; jetzt soll mit diesen sechs Wollfäden ein Zöpfchen geflochten werden. Ist das Band lang genug geworden, werden drei Fäden durch die Schlaufe bei dem Göckchen gezogen und zugeknotet. Das Glöckchenband ist fertig und kann von nun an beim Singen mitklingen.

Josua war dabei, als das kleine Lämmchen zur Welt kam. Er sah zu, wie die Mutter es sorgfältig ableckte; er konnte beobachten, wie es sich zum ersten Mal, noch staksig zwar, auf seine kleinen Beinchen stellte. Und er erkannte sein zartes Blöken unter dem Geblöke der ganzen Herde.

Der Vater hatte ihm dieses Lämmchen anvertraut: „Paß gut auf ihn auf, er wird bestimmt ein lebendiges Kerlchen werden, und du kennst ja die Gefahren, die hier überall lauern". Ganz glücklich war Josua da geworden und auch ein wenig stolz, daß der Vater ihm diese Aufgabe übergab. Von da an war er immer in der Nähe seines kleinen Schützlings. Er bemerkte, wie er gierig bei der Mutter trank, er sah, wie der Kleine wuchs. Eines Tages freute er sich, als er beobachtete, wie „Mäh" - so nannte er das Lämmchen, seine ersten Blättchen und Gräser rupfte. „Ja, Mäh, das ist gut und schmeckt doch, sieh mal hier, diese hellgrünen Blättchen sind noch viel saftiger". Mäh bemerkte das schnell. Josua mußte nun immer besser auf ihn achten; der Kleine entfernte sich täglich weiter von seiner Mutter. „Hoffentlich läuft er mir nicht weg", dachte er immer wieder. Und eines Morgens war es geschehen. Mäh war verschwunden. Josua suchte die ganze Herde ab, er rief und lockte und schaute hinter jeden Busch und Stein. Mäh blieb verschwunden.

Wo konnte er nur sein? Hatte ihn ein wildes Tier, ein Wolf etwa, verschleppt? Aber nein, kein Hund hatte angeschlagen, das konnte Gott sei Dank nicht sein. Er mußte dem Vater Bescheid sagen. Er mußte nach oben in die Berge gehen, um das kleine Lamm zu suchen.

Er übersah keinen Stein. Er sah hinter Busch und Baum. Allmählich war er ganz verzweifelt. Was mochte seinem kleinen Freund nur zugestoßen sein? Da hörte er ein leises Blöken von oben. Erfreut sprang er auf: das war Mäh! Aber noch konnte er ihn nicht sehen. Er ging höher und kletterte auf einen Felsen. Da sah er ihn. Vorsichtig befreite er das Kleine aus dem Dornenbusch. Er nahm es auf den Arm – er war so glücklich. „Vater, Vater, das Lämmchen, ich habe es wiedergefunden", rief er und rannte die Anhöhe runter, bis er beim Vater ankam. „Das muß gefeiert werden", meinte auch der Vater, „wie schön, daß du ihn wieder gefunden hast!"

Andacht um den Kerzenbaum evtl. Bibelgeschichte vom guten Hirten,

Jesus erzählt:
*„Gott ist so gut wie der Hirte."*
und erzählte eine Geschichte.
Er sagte:
*Da ist ein Schafhirt.*
*Der hat hundert Schafe .*
*Er sorgt, daß sie gute Weideplätze haben.*
*Er paßt auf, daß keins wegläuft.*
*Er paßt auf, daß keins von wilden Tieren getötet wird.*
*Er ist Tag und Nacht bei den Schafen.*
*Auf einmal ist ein Schaf fort.*
*Es ist nicht mehr bei der Herde.*
*Er sieht es nirgends.*
*Da macht er sich auf, um es zu suchen.*
*Er läßt die neunundneunzig andern allein zurück*
*und geht dem verlorenen nach.*
*Er sucht es überall.*
*Er sucht es im Gebüsch.*
*Er sucht es zwischen den Felsen.*
*Er sucht es im Tal.*
*Und er findet das Schaf.*
*Da freut er sich.*
*Er nimmt es auf*
*und trägt es zurück.*
*Dann ruft er seine Freunde zusammen.*
*Er sagt: Freut euch mit mir,*
*denn ich habe mein Schaf wiedergefunden,*
*das verloren war!*
*Und er feiert mit ihnen.*
(nach LK 15, 3–7)

Vaterunser
Segen
Lied

# 3. Tag

**Begrüßung**

**Gemeinsames Singen**

**Basteln**

Sternkette mit Wünschen - Was wünsche ich mir?
oder Sternwunschzettel an die Eltern (die Kinder dürfen sich etwas
ausdenken, was man nicht kaufen kann).

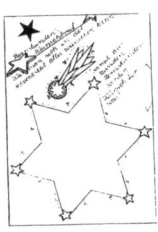 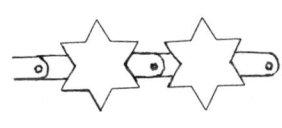 

**Fensterbild**

Vorbereitetes Transparent Mutter und Kind an das Fenster heften.

**Geschichte**

*Seit Josua mit dem Vater weggegangen ist, ist es in der Hütte ein
wenig stiller geworden. Miriam, die kleine Schwester, darf nun der
Mutter in Küche und Stall helfen. Oft überlegen sie dann gemeinsam,
was Josua wohl alles erlebt. Miriam kümmert sich jetzt um die Hüh-
ner, die bis vor kurzem noch von Josua gefüttert wurden. Sie sammelt
auch die Eier aus den Nestern und erzählt den Hühnern von Josuas
Erlebnissen. Sie hat gehört, daß die Hirten einen saftigen Weideplatz
erreicht haben, und sie weiß, daß ihr Bruder besonders darauf achten
soll, daß keines der jungen Lämmer wegläuft und sich verirrt.
Miriam darf auch mithelfen beim Backen. Während Mutter die großen
Brotlaibe formt, macht sie kleinere Brote für ihren Bruder. Wenn die
Herde in der Nähe grast, besuchen die beiden öfters den Vater und
Josua. Sie freuen sich jedesmal über das frisch gebackene Brot von
Mutter und Miriam.*

23

*Der Korb ist gepackt, Mutter und Miriam machen sich auf den Weg. Miriam hat für Josua noch eine Überraschung dabei. Ein Glöckchen für das kleinste Lamm. Darüber wird sich Josua sicher freuen, wenn er immer hören kann, wo es gerade steckt.*

*Und natürlich freuen sich Josua und der Vater über den Besuch und die mitgebrachten Brote. Am meisten aber freut sich Josua über das Glöckchen. Vater erzählt stolz, wie gut es ist, daß Josua ihm überall zur Hand gehen kann. Sogar nachts kann er schon wachen. Und kürzlich hat er einen Wolf entdeckt und alle Hirten geweckt. Gemeinsam haben sie den Wolf verjagt. Miriam hört auch von dem Feuer, das nachts angezündet wird, damit sich alle daran wärmen. Oft werden dann Geschichten erzählt und geflötet und gesungen. Heute bleiben die beiden Besucherinnen über Nacht; so kann Miriam gleich miterleben, wie schön es sein kann am Lagerfeuer.*

**Basteln**

Kopierte Figuren Mutter und Miriam zum Ausmalen und Ausschneiden an die Kinder verteilen.

**Gemeinsames Singen**

**Wortspiel**

„Stille Post" – Wünsche
Die Kinder sitzen im Kreis dicht nebeneinander. Es ist still. Ein Kind flüstert seinem nächsten Nachbarn seinen Wunsch ins Ohr, dieser gibt den geflüsterten Text dann an seinen nächsten Nachbarn so weiter, wie er ihn verstanden hat. Das geht so lange im Kreis weiter, bis das Wort wieder beim Absender angekommen ist; dem wird die „Endfassung" allerdings laut vorgetragen. Nach einigem Gelächter kommt das nächste Kind an die Reihe.

**Basteln**

Nußtrommeln basteln
Jedes Kind bekommt sechs leere Walnußhälften, eine Holzdübelstange von 20 cm Länge und 0,8 cm Durchmesser, eine 3,5 cm große Holzkugel mit Loch (0,8 cm) und drei dünne Bindfäden von 12 cm Länge. In die Holzkugel sollen rundum 3 dünne Löcher, etwa 1 mm, gebohrt sein.

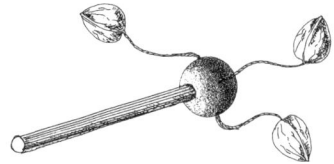

Zunächst werden die Nußhälften mit Holzleim zusammengeklebt, dabei wird jeweils einer der Fäden eingeklebt. Die Dübelstange wird in die Kugel eingepaßt und ebenfalls mit Holzleim festgeklebt.

Zuletzt werden die Bindfädenenden in die dünnen Löcher der Holzkugel geklebt. Wir haben Zahnstocher verwendet, um die Fäden besser einpassen zu können. Wenn ein schnell trocknender Klebstoff verwendet wird, kann schon nach einigen Minuten mit den Nußtrommeln gespielt werden.

**Liedkreis**

Gemeinsames Singen

**Andacht**

Andacht um den Kerzenbaum
Lieder – Die Kinder benutzen dabei die gebastelten Instrumente
Gebet:
*Lieber Gott*
*wir sind unterwegs zu Dir, zu Deinem Licht.*
*Wir kennen den Weg noch nicht, den wir gehen werden.*
*Wir freuen uns auf manches Abenteuer;*
*wir sind auch manchmal ängstlich in der Dunkelheit;*
*dann sind wir froh, wenn uns jemand an der Hand nimmt*
*oder ein Licht entzündet.*
*Geh du mit uns auf diesem Weg, dann wird er uns leicht fallen,*
*auch wenn er vielleicht anstrengend oder sogar gefährlich wird,*
*Geh du mit uns auf diesem Weg, dann können wir uns freuen.*
Vaterunser
Segen

# 4. Tag

**Begrüßung**

Gemeinsames Singen

**Fensterbild**

Vorbereitete Könige (Transparente) an ein Fenster kleben.

**Basteln**

**Geschichte**

Heute sprechen die Hirten ganz aufgeregt von drei Sterndeutern, die ihnen hier draußen in der Einöde begegnet sind.

Von weitem konnte man sie sehen; ihre kostbaren Kleider glitzerten in der Sonne; Pferde und Kamele hatten sie bei sich. Und immer wieder richteten sie ihre Fernrohre zum Himmel. Sie waren auf der Suche nach einem neugeborenen König. Ein Stern weise ihnen den Weg, erzählten sie. „Sie sind schon lange unterwegs und kamen aus verschiedenen Ländern", erzählte Josua aufgeregt, „das hättet ihr erleben sollen – und schöne Geschenke hatten sie für den neuen König bei sich – glaubt ihr, daß wir diesen König auch sehen werden?"

Ein alter Hirte, der bisher geschwiegen hatte, sprang aufgeregt auf: „Erinnert euch an die alten Weissagungen! Gott hat versprochen, einen Retter zu schicken. Er soll durch einen Stern angezeigt werden – er will uns aus unserer Not befreien." Ganz erregt sprachen jetzt alle durcheinander. Ob dieser Stern den versprochenen Retter anzeige, ob nur Weise diesen Stern sehen können, ob sie von seinem Kommen überhaupt etwas erfahren würden?

Angestrengt sehen sie sich den Nachthimmel an, viele Sterne leuchten. Aber welcher Stern zeigt ihnen die Ankunft des „Erlösers" an?

„Legt euch jetzt endlich zur Ruhe", mahnte der Alte, „wenn Gott uns einen Retter schicken will, werden wir schon etwas davon erfahren!"

Wünsche – Überlegungen: was wünschen sich wohl Könige?

Essen und Trinken

Kasu (Blasinstrument)
Jedes Kind erhält eine Papprolle, 23 cm lang und 2,6 cm dick (solche Pappröhren gibt es in vielen Gemüseabteilungen der Supermärkte als Kern der Plastik-Abrißtüten), ein 9 x 9 cm großes Pergamentpapier (Butterbrotpapier) und eine kleine Gummilitze.
Mit einer Ahle wird, etwa 2 cm vom Rand der Röhre entfernt, ein Loch gebohrt. Das Pergamentpapier wird etwas unterhalb dieser Bohrung mit der Gummilitze angebracht. Die Bohrung muß frei sein. Mit Stiften oder Buntpapier wird das Kasu verziert. Mit Summen oder Pusten hat man jetzt ein Begleitinstrument, das den Kindern sehr viel Spaß macht.

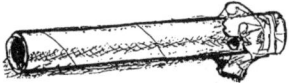

Ein weiteres Bastelangebot an diesem Tag kann ein Fernrohr sein, das genau so schnell aus jeweils zwei Toilettenpapierrollen, etwas Klebeband und einem Bindfaden hergestellt wird.

Fernrohr für Kinder
Material: 2 Toilettenpapierrollen, Tonpapierstreifen, Klebstoff, Bindfaden

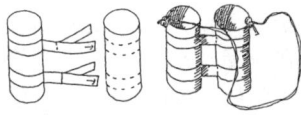 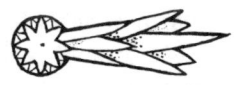

Da die Könige sich dringend die Sicht auf „ihren" Stern gewünscht haben, um ihren Weg weitergehen zu können, stellen wir zum Abschluß dieses Sternstundentages noch Leuchtsterne (Teelichtsterne) her, die bei der Andacht um den Kerzenbaum angezündet werden.
Kerzenbaum, Teelichtsterne
Lied
Gebet:
*Lieber Gott, Dein Wort ist wie Licht in der Nacht.*
*Immer wieder bringt es den Menschen Hoffnung und Zukunft.*
*Es tröstet die Traurigen.*
*Es ermutigt die Menschen in Ängsten und Not.*
*Dein Wort ist wie ein Stern in der Dunkelheit.*

## 5. Tag

**Begrüßung Sternchen**

**Fensterbild** Maria und Josef (als Transparent an die Fenster heften)

**Gemeinsames Singen**

**Gespräch** Überlegungen zu Elternwünschen, wie z. B. Maria und Josef, die auf ihrer „Reise" ein Baby erwarten.

**Geschichte**

*Maria und Josef sind schon viele Tage unterwegs von Nazaret nach Bethlehem. Auch viele andere Leute waren unterwegs nach Bethlehem. Die Römer, die die Herren im Lande waren, hatten sich mal wieder etwas ausgedacht. Sie wollten genau wissen, wie viele Menschen es gab, woher sie stammten und wo sie wohnten. Dazu mußte sich jeder in seinem Geburtsort eintragen lassen. Für jemand, der in Nazareth wohnte und der in Bethlehem geboren war, war das ziemlich mühsam. Besonders für Maria, die ein Baby erwartete, das jeden Tag auf die Welt kommen konnte. Von weitem sehen sie die Stadt mit ihren vielen Lichtern, und sie sehen die vielen Menschen, die alle in die Stadt strömen. Ob sie wohl eine Unterkunft finden werden? Doch überall hören sie: „Kein Platz, kein Platz mehr!"*

*Nach langem Suchen bietet ihnen ein mitleidiger Mensch ein Unterkunft in einem Stall an – weit draußen vor der Stadt – unweit der riesigen Schafherden. Sie können den Weg nicht verfehlen.*

*Josua hat die beiden mit ihrem Esel schon von weitem sehen können. Kaum ein Wanderer verirrt sich in dieser Zeit in diese Gegend. Neugierig geht er ihnen entgegen um sie nach ihren Wünschen zu fragen. Maria und Josef freuen sich sehr, als sie den jungen Hirten treffen. Noch ist der angesagte Stall nicht zu sehen. Aber Josua kennt sich mittlerweile in dieser Gegend gut aus, und er zeigt ihnen den Weg. Er bringt sie zum Stall.*

*Zurückgekommen zum Lager, muß er sich einiges anhören, weil er seinen Platz ohne Mitteilung verlassen hat. „Bald müssen wir unse-*

rem *Hütebuben auch ein Glöckchen umbinden"*, brummt der alte Hirt. *Als dann aber alle von den beiden müden Wanderern hörten, die einen Stall suchten, und daß die junge Frau hochschwanger war und bald, sicher sehr bald, ein Baby bekommen würde, war der Ärger über Josua verschwunden. „Ein Baby, meinst du?" fragte Josuas Vater. Der Alte aber rief laut: „Vielleicht ist das unser Retter!"*

**Basteln**

**Pausen**

Ein Geschenk für die Eltern, z. B. Tonsterne
Jedes Kind erhält etwas Ton, der auf einer Plastik- oder Kartonunterlage sorgfältig geklopft und geknetet wird. Mit einer Backrolle wird der Ton zu einer Platte ausgerollt. Mit Sterngebäckformen wird ein Stern ausgestochen. In der Mitte des Sternes kann ein Tonstreifen als Kerzenhalter mit Schlicker angearbeitet werden. Die Kinder haben die Möglichkeit, Muster in den Ton zu drücken. Dazu kann man ihnen Nägel, Schrauben, kleine Hölzchen o. ä. zur Verfügung stellen.

**Spiel**

Reise nach Bethlehem oder Blinzeln

**Pause**

Kekse und Saft

**Gemeinsames Singen**

**Spiel**

Bunter Teller
Die in Gruppen zu drei oder vier aufgeteilten Kinder werden in Gebäcksorten wie z. B. Lebkuchen, Zimtstern, Dominostein benannt.
Sie sitzen im Stuhlkreis, ein Stuhl ist zu wenig. Ein Kind in der Mitte sagt: „In meinem bunten Teller liegen Zimtsterne", alle Zimtsterne wechseln die Plätze, auch das Kind in der Mitte versucht einen Platz zu ergattern. Ein Kind bleibt übrig, es ruft die nächste Gebäcksorte auf. Sehr turbulent wird es, wenn mehrere „Gebäcksorten" die Plätze wechseln dürfen.

**Liedkreis**

– da die Stühle schon stehen

**Basteln**

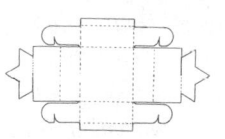

Sternverpackung für unseren heute geformten Tonstern
Die vorher mit Schablonen auf Tonpapier aufgezeichneten Verpackungen werden ausgeschnitten und an den bezeichneten Stellen gefalzt. Die Sterne werden zusammengesteckt. Wenn unsere Tonsterne getrocknet oder gebrannt sind, können sie in der Sternverpackung verschenkt werden.

**Andacht**

um den Kerzenbaum

## 6. Tag

**Begrüßung Sternchen**

**Fensterbild**    Das Jesuskind als Transparent an die Fenster heften

**Gemeinsames Singen**

**Basteln**    Jesuskind zum Ausschneiden und Anmalen an die
Kinder austeilen.

**Geschichte**    *Josua sitzt wachsam neben dem Feuer und blinzelt in die Glut. Er denkt
an die vergangenen Tage mit ihren Erlebnissen. Ob die drei Weisen
immer noch nach dem Stern fahnden? Wie es der jungen Frau und
ihrem Mann im Stall ging? Ob das Baby vielleicht schon zur Welt
gekommen war? Merkwürdig, was der alte Hirt dazu gesagt hatte: „Retter, Erlöser, auf den seit Jahrhunderten alle Welt wartet"!
Josua reckte und streckte sich, um ja nicht einzuschlafen. Die Nacht
war still, wirklich eine Nacht; ganz anders als andere Nächte.
Am Himmel funkelten die Sterne, alle um ihn herum schliefen. Auch die
Hunde lagen völlig entspannt in der Nähe der Herde. „Warum ist diese
Nacht so ganz anders als andere Nächte?", ging es durch seinen Sinn.
Da – es wurde plötzlich hell von einem Licht, das aus dem Himmel kam
und die Erde hell machte. Alle waren wach geworden, als ein Engel
ihnen die Botschaft brachte: „Fürchtet euch nicht, ich verkünde euch
eine große Freude. Euch ist der Heiland geboren. Das Kind, das Zeichen
Gottes – es liegt in Windeln gewickelt in einer Krippe". Und Josua und
die Hirten hörten ein Lied: „Ehre sei Gott in der Höhe und Friede auf
Erden und den Menschen ein Wohlgefallen". Da wußten sie, Gott ist
durch Jesus bei seinen Menschen angekommen: Durch ihn will er ihnen
Frieden schenken.
Das helle Licht verglimmte; wie aus dem Traum erwacht sahen sich die
Hirten an. „Was zögert ihr noch? Beeilt euch, wir wollen ihn schnell*

besuchen." „Habt ihr auch schon an ein Geschenk gedacht?" „Die armen Leute freuen sich bestimmt über ein Fell!" „Ich habe noch ein Töpfchen Honig." „Etwas Schafmilch könnte ich jeden Tag hinbringen." Von allen Seiten kamen die Vorschläge. Nur Josua konnte sich nicht entscheiden, was er dem Kind schenken wollte. Seine neue Jacke war dem Baby zu groß, das Glockenbändchen hatte er schon Mäh geschenkt. Und was hatte er denn sonst?

Auf seinen Stab gestützt, ging er hinter seinen Freunden dem Stall zu. Schon sah er den Stern, den sie so lange vergeblich gesucht hatten. Und er wußte, als er das Kind in der Krippe sah, das ist der Retter, auf den alle warteten. Das Kind sah ihn an, er glaubte, es lächelte ihm zu. Er ging hin stellte seinen Hirtenstab an die Krippe. „Den schenk ich dir: Bald wirst du größer und dann wirst du ein richtiger Hirte sein."

| | |
|---|---|
| **Gespräch** | Was wünschen sich Kinder? |
| **Pause** | Weihnachtsgebäck und Saft |
| **Spiele und Lieder** | Am letzten Tag unserer Sternstunden gibt es Lieder und Spiele nach Wunsch. |
| **Andacht** | Gebet: |

*Lieber Gott,*
*Wir haben unser Licht angezündet.*
*Wir schauen auf die stillen Flammen.*
*Wir hören dir zu.*
*Wir warten auf Weihnachten;*
*wir warten auf die Geburt des Kindes,*
*das uns und die Welt wandeln will.*
*Wir sehen auf das Kind in der Krippe.*
*Aus Liebe hast du Jesus zu uns gesandt;*
*mit seinem Leben hat er uns die Liebe gezeigt*
*und nahegebracht.*
*Das gibt uns Hoffnung,*
*Hoffnung auf ein Leben, wo keiner leer ausgeht,*
*wo einer an den anderen denkt*
*und ihn an deiner Welt teilhaben läßt.*
*So bist du, Gott,*
*Du bist mit uns.*
*Wir danken dir.*
*Uns kann im Grunde nichts geschehen.*
Vaterunser
Segen

# STERNSTUNDEN
★ Advents ★
## KALENDER
## KOMM WEIHNACHTSSTERN
## WUNSCHTRÄUME

Uhrzeiger

**DIESE UHR ZÄHLT DIE TAGE BIS WEIHNACHTEN**
DEZEMBER

Sternstunden-Wunschbrief

Was man sich in der Adventszeit alles wünschen kann

damit aus Stunden Sternstunden werden. Wünsch Dir was!

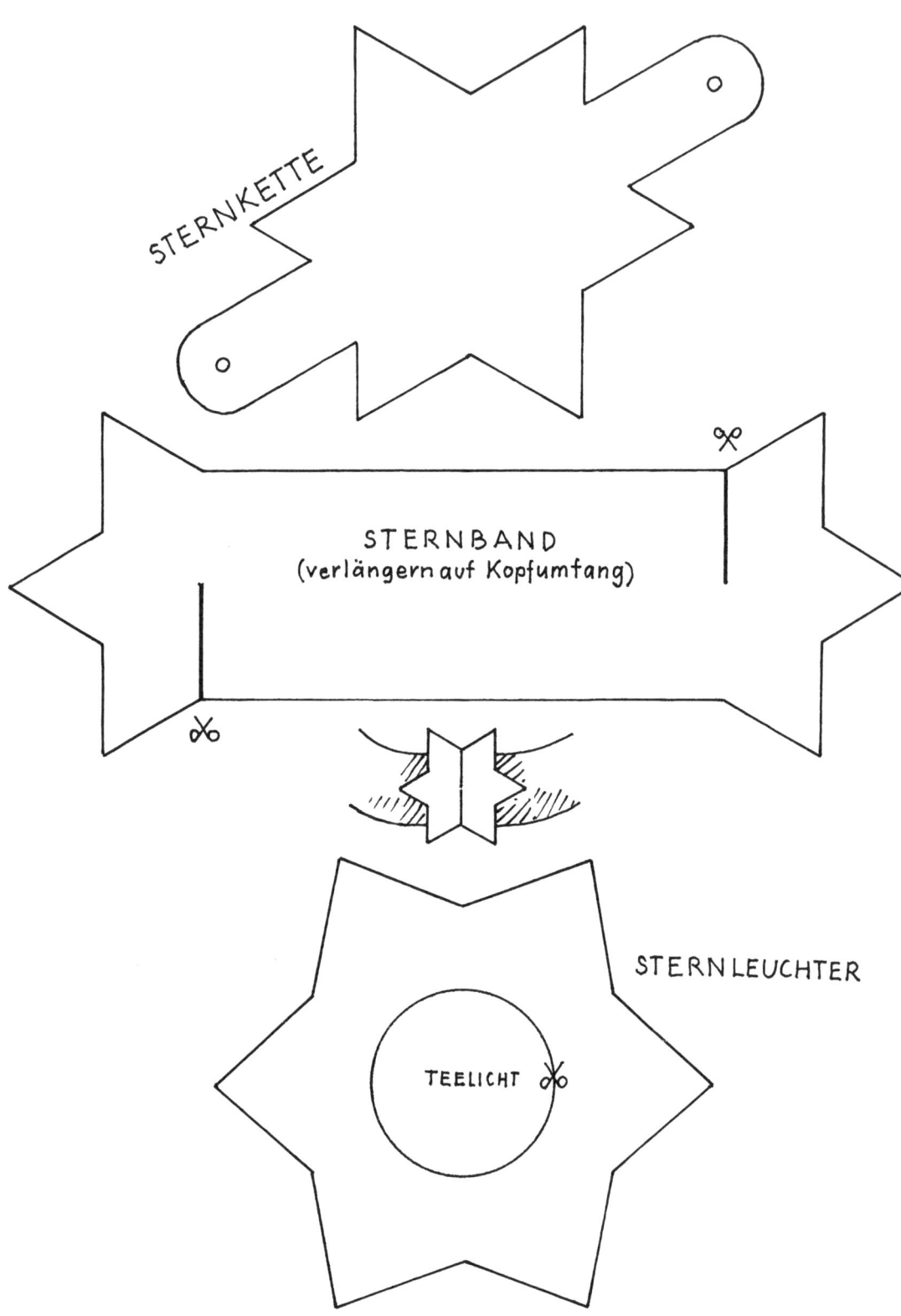

STERNKETTE

STERNBAND
(verlängern auf Kopfumfang)

STERNLEUCHTER

TEELICHT

34

Kopiervorlagen S. 36–39 auch
als Fensterbilder (Transparente):
Kopiervorlagen vergrößern, auf
Fotokarton übertragen,
ausschneiden und mit farbigem
Transparentpapier hinterkleben.

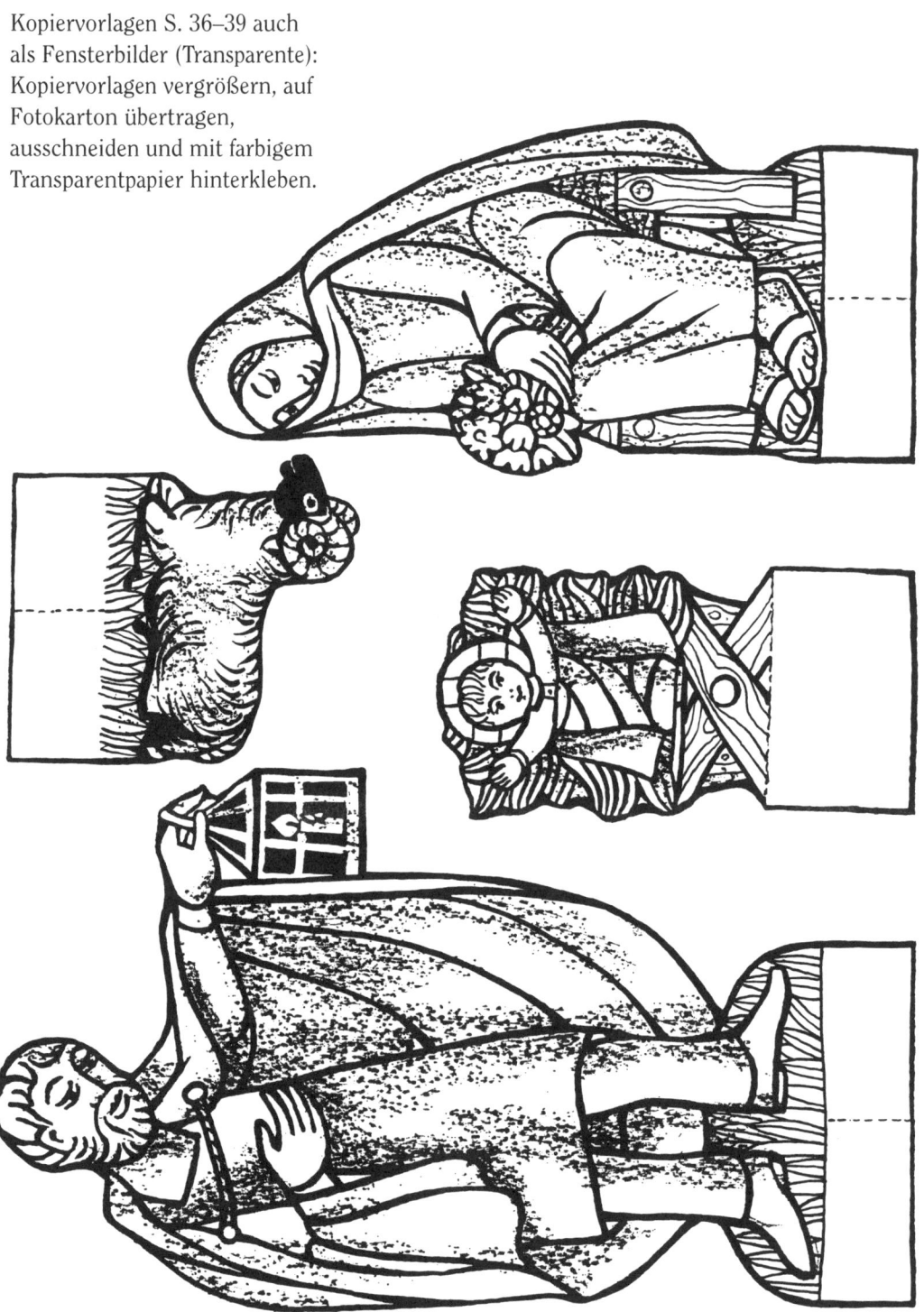

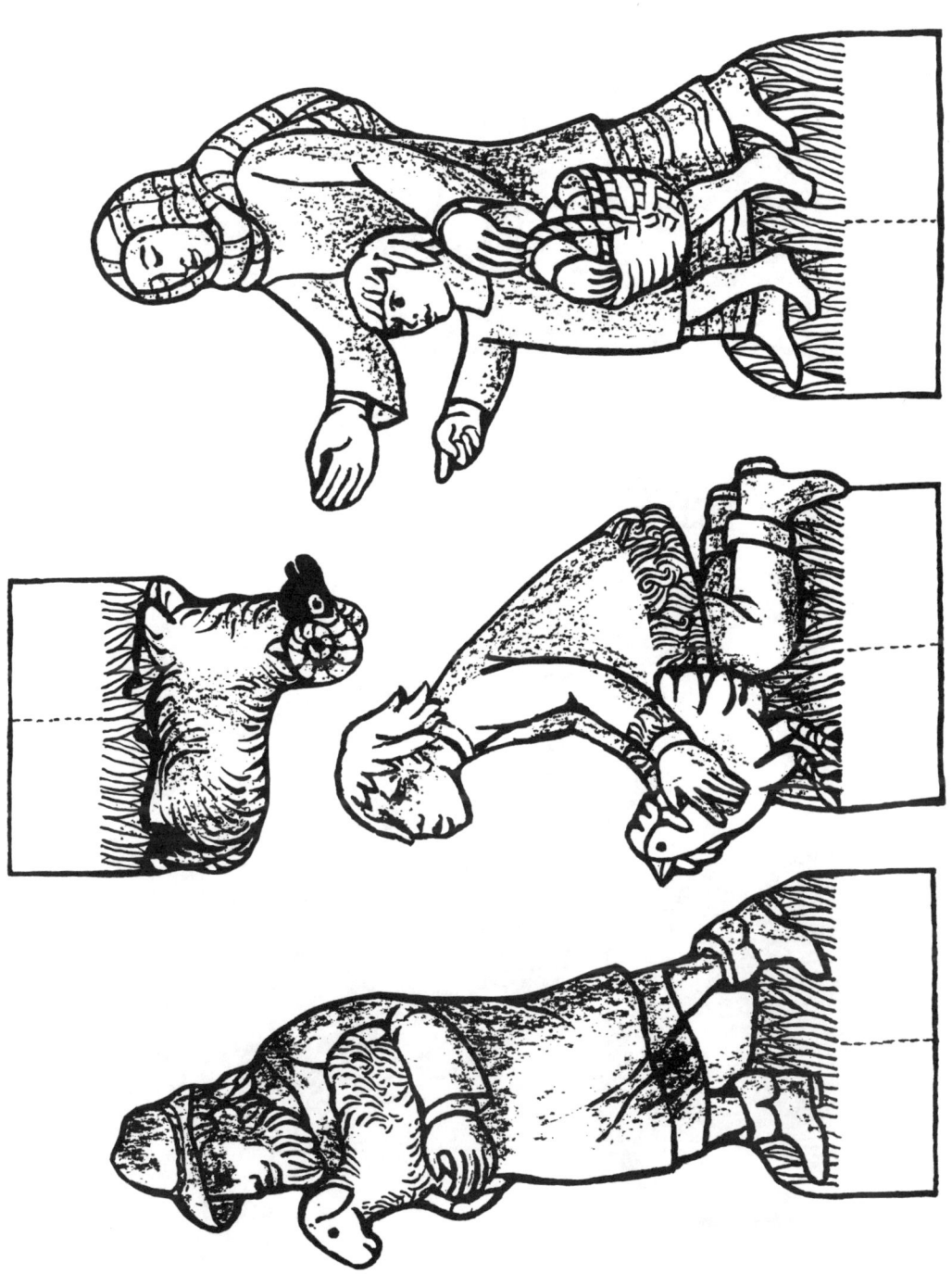

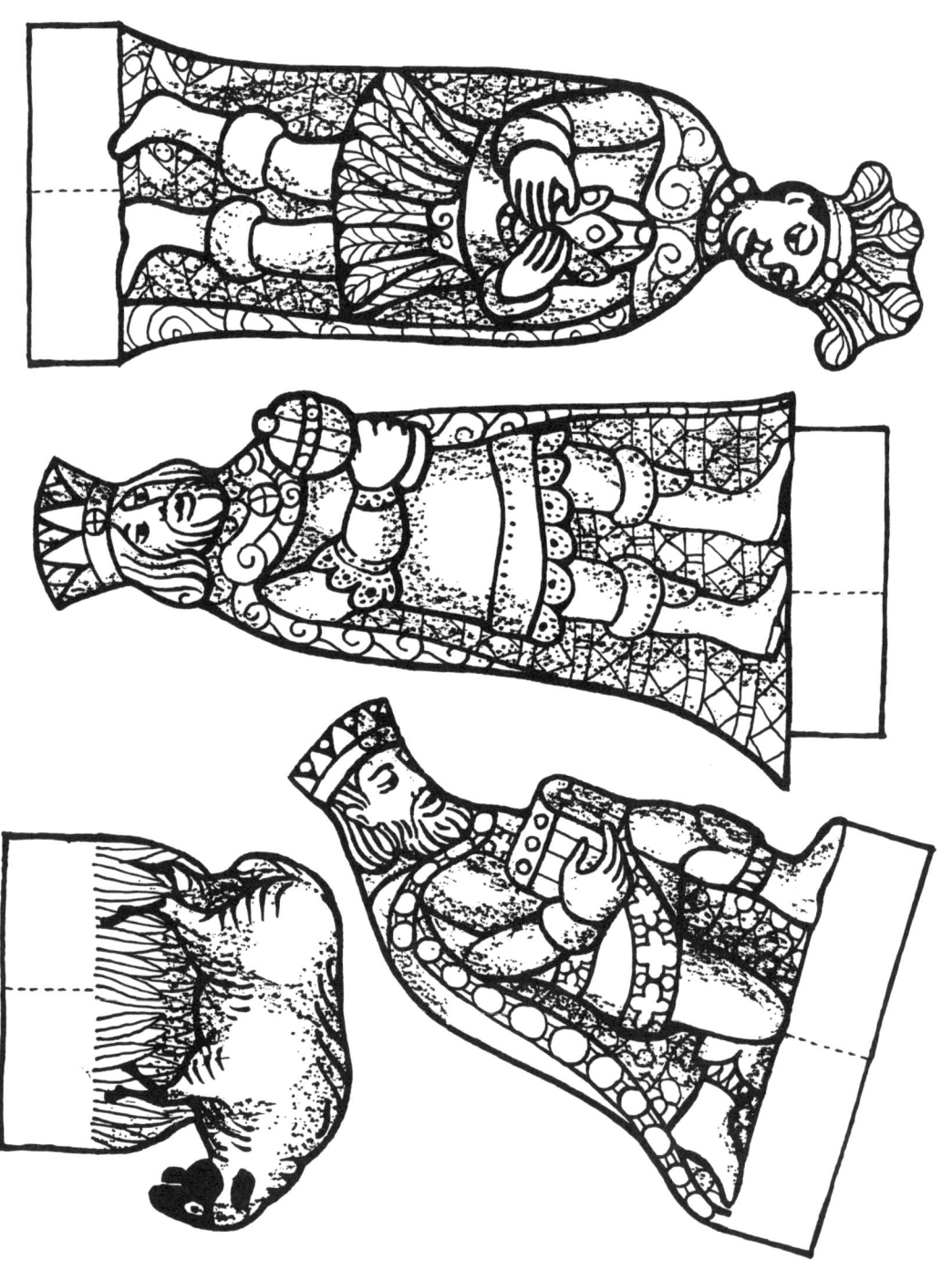

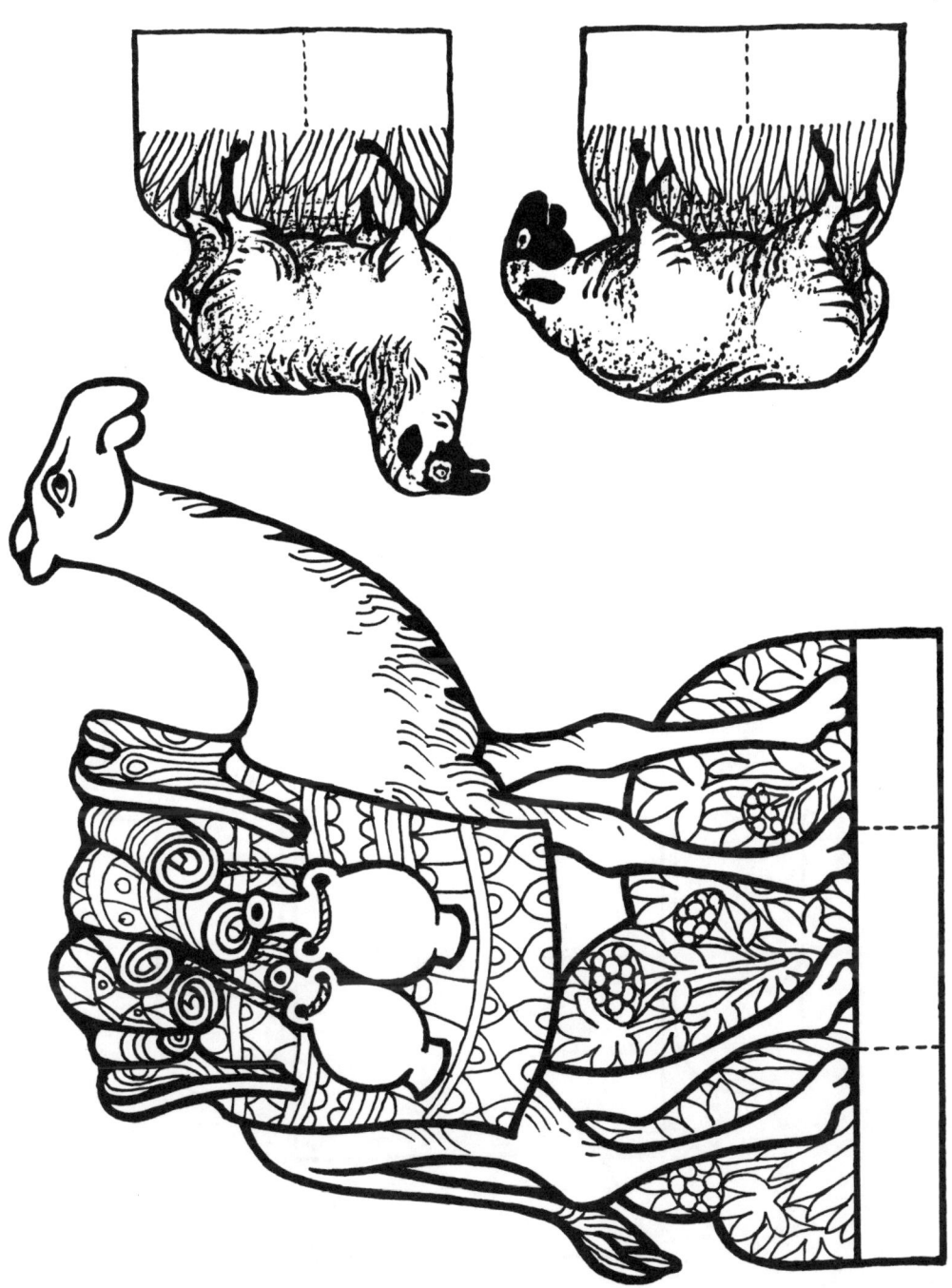

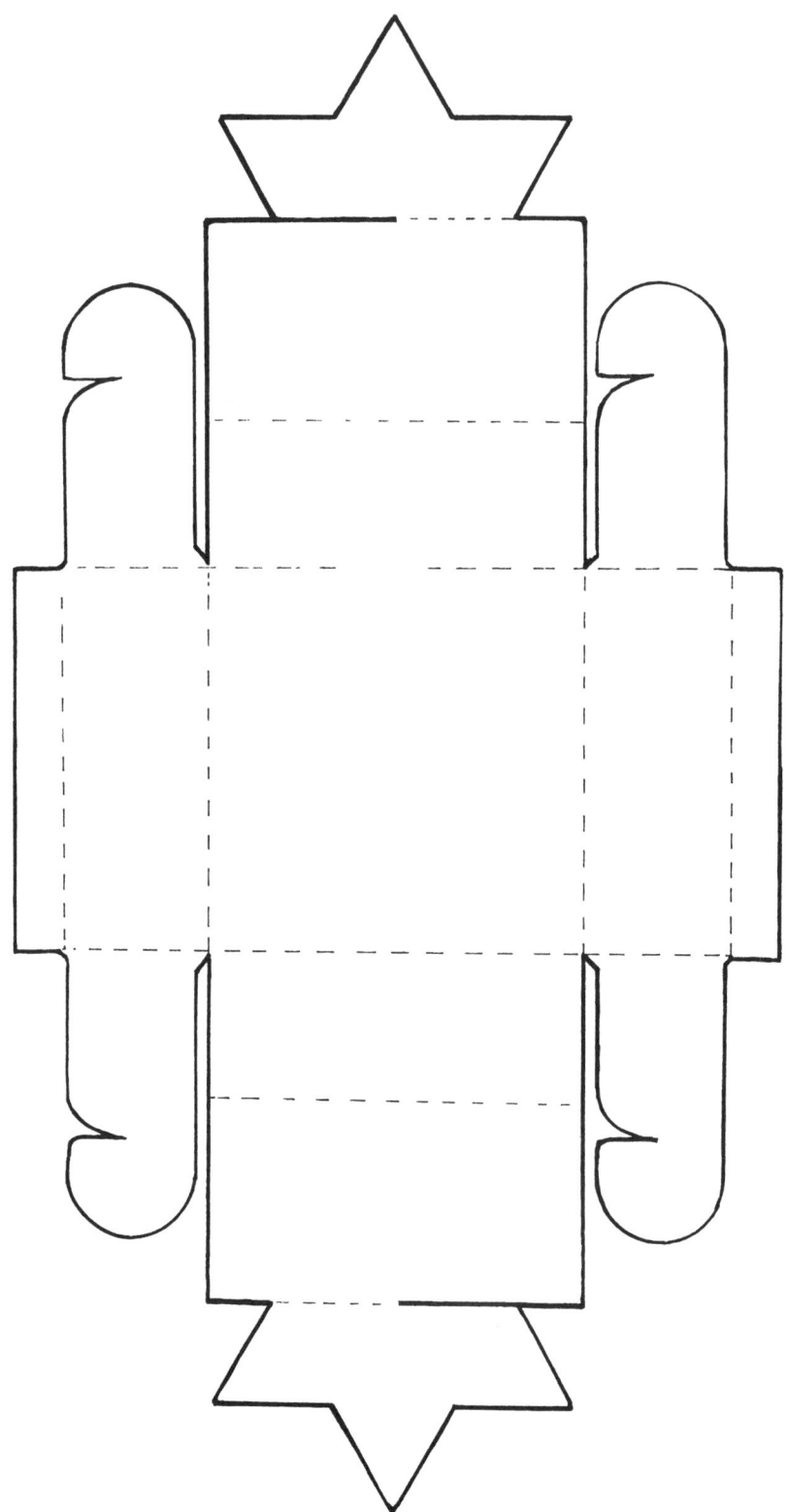

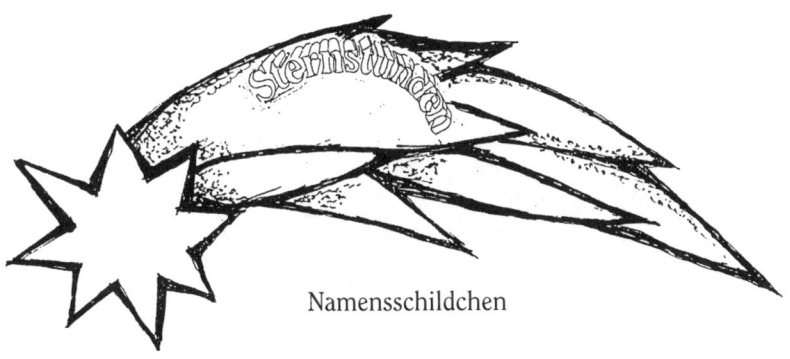

Namensschildchen

Transparentlicht

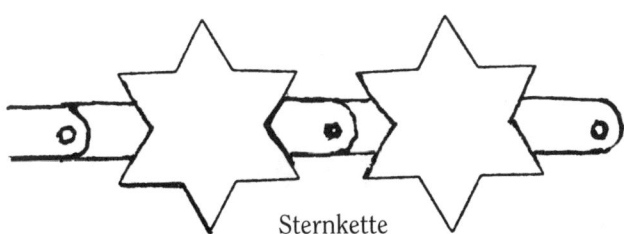

Sternkette

EINLADUNG
STERN
STUNDEN
VON NAZARETH
NACH BETHLEHEM

ICH GEHE MIT ....

BACKEN, BASTELN, BETEN, SINGEN, SPIELEN, ESSEN

**1. Tag**

* Begrüßung an der Wandlandkarte
* Bibl. Geschichte
* Lied
* Namensschilder Sterne
* Erzählung
* Esel anmalen, ausschneiden
* Landkarte für jedes Kind
* Schmusekissen für die Reise
* Pause Spiel
* Liedkreis
* Andacht um den Kerzenbaum
* Gebet
* Segen
* Austeilung Adventsuhren

**2. Tag**

* Begrüßung durch Sternchen
* Geschichte
* Basteln: Krippenfiguren Maria und Josef anmalen, ausschneiden
* Große Figuren auf der Landkarte plazieren
* Kinder malen sich
* Überleitung Nikolaustag
* Sterne als Fensterschmuck
* Apfelmännchen
* Lieder
* Nikolaus zieht sich an
* Nikolausgeschichte
* Austeilung von Jutesäckchen

**3. Tag**

* Begrüßung
* Erzählung
* Hirten, Schafe, Palme anmalen, ausschneiden
* Große Figuren an die Landkarte anheften
* Basteln: Teelichtfeuerstellen aus Ton- und Transparentpapier
* Lied
* Spiel: Reise nach Bethlehem
* Pause
* Lied: Wenn wir uns die Hände geben
* Andacht
* Vaterunser
* Segen

Vorbereiten:

Liederhefte, Kopierte Sterne für Namensschilder, Kopierte Krippenfiguren - heute Esel, Landkarten kopieren, große Landkarte (Tonpapier auf Karton oder Stoff bemalen), Schmusekissen nähen und mit Schaumstoff-Flocken füllen, Kerzenbaum, Kerzen, Adventsuhren auf festen Kopierkarton kopieren, Saft, Kaffee und Gebäck

Vorbereiten:

Landkarte, Kopierte Krippenfiguren Maria, Josef, Äpfel, Nüsse (pro Kind je einen), rotes Tonpapier oder Filz für Mütze und Umhang, Schablone, Kleine Jutesäckchen mit Weizen gefüllt, ein kleines Geschenk, z. B. einen Weckmann, Saft für die Kinder, Kaffee für die Eltern, Nikolaus-Gewand, Kerzenbaum

Vorbereiten:

Hirte, Schafe und Palmen auf festem Kopierkarton vervielfältigen, große Figuren vorher anfertigen, Teelichter mit Schablonen auf Tonpapier aufzeichnen Teelichter, Transparentpapier rot und gelb, Getränke und Gebäck, Postkarten, Moosgummi, Korken, Kartoffeln, Schaumgummi Farbe, kl. Küchenmesser, Kerzenbaum

**4. Tag**
* Begrüßung
* Lieder
* Maria und Josef auf Landkarte weiterrücken
* Hirte und Schafe dazu
* kopierte Figuren anmalen und ausschneiden lassen
* Geschichte
* Pause – Rast
* Basteln: Eine Kekskerze als Geschenk
* Transparentsterne
* Sternkörbchen falten
* Andacht
* Gespräch
* Gebet
* Segen

Vorbereiten:

Hirten und Schafe auf festem Kopierkarton vervielfältigen,
Je ein Keksstern, Waffelröllchen, Mandel pro Kind,
Zuckerguß zum Kleben,
Smarties, Zuckerperlen als Schmuck auf Tonpapier,
aufgezeichnete Sterne,
Teelichter Transparentpapier in verschiedenen Farben,
quadratische Faltblätter aus Briefpapier,
Kerzenbaum

**5. Tag**
* Begrüßung
* Geschichte
* König und Kamel auf Landkarte bringen
* Basteln - Könige anmalen, ausschneiden
* Geschichte 1. Teil
* Spiel
* Pause
* Sternkette basteln
* Lied
* Teelichtkronen aus Tonpapier
* Geschichte 2. Teil
* Lied
* Andacht

Vorbereiten:

König und Kamel für Landkarte, König und Kamel auf festem Kopierkarton kopieren, Sterne für Sternkette mittels Schablonen auf Tonkarton zeichnen,
Sternkronen ebenfalls mit Hilfe von Schablonen aufzeichnen, Teelichter,
Getränke und Gebäck

**6. Tag**
* Begrüßung
* Lied Geschichte
* Basteln: Häuschen aus Tonpapier
* Geschichte
* Pause
* Obstsalat gemeinsam schneiden und anrichten
* Spiel: Obstsalat
* Lieder
* Kerzenbaum
* Austeilung des Kindes in der Krippe
* Gebet
* Segen

Vorbereiten:

Vorgezeichnete Häuschen auf Tonpapier,
von Kindern mitgebrachte Obstsorten für Obstsalat,
Zitrone, Zucker,
Kerzenbaum,
Auf festem Kopierkarton vervielfältigtes Jesuskind

# 1. Tag

**Sternchen stellt sich vor, begrüßt die Kinder und deren Eltern und zeigt den Anwesenden die große Landkarte an der Wand.**

**Gemeinsames Singen**

*„Im Advent ....“* oder *„Wir sagen euch an ...“*

**Geschichte**

Hier oben in Nazareth leben Maria und Josef; sie freuen sich auf das Kind, das Gottes Engel versprochen hat und das bald zur Welt kommen wird.

**Namensschilder**

Sternchen möchte die Kinder kennenlernen und schlägt vor, Namensschildchen umzuhängen, da es sich nicht alle Namen merken kann. Austeilung der vorgezeichneten Namenssterne; die Kinder schneiden sie aus, malen sie an und schreiben ihren Namen darauf. Jedes Kind erhält ein Band, um sich den Stern umzuhängen.

Die Kinder sitzen im Kreis und hören die frei erzählte Geschichte:

*„Aufruf zur Volkszählung“*

**Geschichte**

*Die Römer waren die Herren im Land; und die hatten sich mal wieder etwas ausgedacht. Sie wollten genau wissen, wieviele Menschen es im Land gab, woher sie stammten und wo sie wohnten. Dazu mußte sich jeder in seinem Geburtsort in eine Liste eintragen lassen. Das war für jemand, der in Bethlehem geboren war, aber in Nazareth wohnt, eine Riesenstrecke.*
*Obwohl Maria ein Kind erwartet, müssen auch sie gehorchen. Der Weg ist weit (auf der Landkarte zeigen, er führt über Berge, durch Wüste und Täler). Es gibt keine Autos und auch keine Eisenbahn; alles muß zu Fuß bewältigt werden. Man kann nur das Nötigste mitnehmen. Was muß wohl alles gepackt werden? Essen und Getränke, Kleider, Windeln etc. Maria und Josef haben einen kleinen Esel, der steht schon vor der Türe – er muß bepackt werden.*

**Basteln**

Esel austeilen, anmalen und ausschneiden und auf der Karte anheften.
Die Kinder erhalten ihre kleine Landkarte und einen kleinen Esel.

**Pause**

Pause mit Essen (Kekse) und Trinken (Saft)
Austeilung der Wolkenschmusekissen für die Reise. (vgl. S. 3)

**Spiel**

Beim Eselspiel wird versucht, möglichst viele der Kissen einem anderen Kind (Esel) aufzuladen. Dieses Spiel kann von mehreren Gruppen gleichzeitig gespielt werden. Es kann mit einem Wettlauf der bepackten „Esel" enden.

Adventskalender austeilen und anmalen lassen. Mit einer Musterklammer werden die Zeiger befestigt.

**Liedkreis**

Lieder – die Kinder sitzen auf ihren Kissen in großem Kreis und dürfen sich „ihr" Lieblingslied aus dem Liederheft wünschen.

**Andacht**

Kerzenbaum
Vaterunser
Segen

**Begrüßung durch Sternchen**

| | |
|---|---|
| **Geschichte** | *Maria und Josef haben gepackt, nehmen Abschied und machen sich auf den Weg.* |

| | |
|---|---|
| **Basteln** | Die vorbereiteten Figuren von Maria und Josef werden auf die Wandkarte zu dem beladenen Esel geklebt. Austeilung der kleinen Figuren „Maria und Josef" an die Kinder. Diese schneiden sie aus, bemalen sie und plazieren sie auf ihrem Weg. |

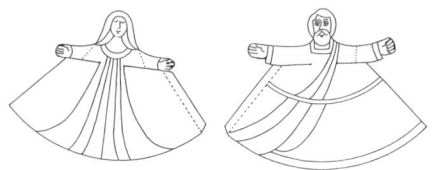

| | |
|---|---|
| **Malen** | Die Kinder malen auch sich (frei), schneiden ihre Figur aus und heften sie auf den Weg. |

| | |
|---|---|
| **Nikolaus** | Überleitung zum Nikolaustag „Weil heute Nikolaustag ist, wollen wir uns auf seinen Besuch vorbereiten und unseren Raum schmücken. " |

| | |
|---|---|
| **Basteln** | Wir basteln Sterne als Fensterschmuck. Die von den Helfern auf Tonpapier aufgezeichneten Sternumrisse werden von den Kindern ausgeschnitten, mit Transparentpapier beklebt und mit Tesafilm an den Fenstern befestigt. |

**Basteln**

Als Tischschmuck stellen wir Apfelmännchen her. Jedes Kind erhält dazu einen Apfel, eine Walnuß, einen kleinen Wattebausch oder einen Cosmetikpad.

Apfelmännchen

Mütze und Umhang werden entweder aus rotem Filz oder rotem Tonkarton ausgeschnitten. Die Nuß wird mit einem Zahnstocher auf dem Apfel befestigt. Das Gesicht wird auf die Nuß mit Filzschreibern gemalt. Bart, Mütze und Umhang klebt man am besten mit Alleskleber oder etwas Holzleim an.

(Die Bastelvorschläge können auch gruppenweise verteilt werden: 1. Gruppe arbeitet an den Fenstersternen, 2. Gruppe stellt Apfelmännchen her, 3. Gruppe schmückt den Tisch mit Tannreis und deckt den Tisch liebevoll.

**Lied**

*„Laßt uns froh und munter sein" ... „heut ist Nikolausabend da."*

**Nikolaus**

Pfarrer oder ein Vater kommt und zieht sich mit Hilfe der Kinder (und Erklärung der verschiedenen Kleidungsstücke) zum Nikolaus um.

**Lied**

*„Sei gegrüßt, lieber Nikolaus..."*

Nikolaus erzählt die Geschichte der damaligen Hungersnot und wie die Menschen gerettet wurden.

**Geschichte**

*Viele Wochen hatte es in Myra nicht geregnet. Die Felder waren ausgetrocknet, und das Korn war verdorrt. Die Müller konnten kein Mehl mahlen. Und weil es kein Mehl gab, konnten die Bäcker nichts backen. Die Kinder in Myra weinten und bettelten: „Wir haben Hunger. Wir möchten essen!" Aber die Mütter wußten nicht, woher sie Brot nehmen sollten. Immer wieder hatten sie das wenige, das wenige, das noch da war, geteilt. Doch das Elend wurde von Tag zu Tag größer.*
*In Myra lebte Bischof Nikolaus. Er sah die Not der Kinder und die Sorge der großen Leute. Er dachte: „Gott ist gut, er kann uns Hilfe schicken, damit unsere Kinder nicht mehr weinen und die Menschen in Myra nicht verhungern." Der Bischof rief alle zusammen, und sie beteten zu Gott um Brot.*
*Eines Tages legte ein großes Schiff im Hafen an. Das Schiff war auf der Reise nach Rom und mit Kornsäcken voll beladen.*
*Die Leute von Myra liefen aufgeregt zum Hafen und riefen: „Wir sind gerettet! Gott hat unser Bitten gehört!"*

*Aber der Steuermann sagte: „Wir dürfen keinen Sack weggeben, es ist alles genau gewogen, und alles gehört dem Kaiser in Rom. Es tut uns leid."*

*„Seht doch das Elend in unserer Stadt!" rief Bischof Nikolaus.*

*„Um der Liebe Gottes willen gebt uns Korn! Glaubt mir, es wird euch kein Leid geschehen. Der Kaiser wird euch nicht bestrafen."*

*Die Schiffer verließen sich auf das, was Nikolaus sagte. Sie luden viele Säcke aus. Die Müller fingen an, das Korn zu mahlen. Die Bäcker heizten die Backöfen. Sie backten frisches, duftendes Brot, und alle konnten sich satt essen.*

*Und als das Schiff in Rom anlegte, so wird erzählt, fehlte kein Sack an der Ladung.*

Er erzählt auch von Menschen, die heute in Not sind, die Hunger haben - auch Hunger nach Freundschaft. Guckt euch mal um; auch Ihr könnt Freudenbringer sein.

Zur Erinnerung erhält jedes Kind ein kleines, mit Weizen gefülltes Jutesäckchen.

**Gemeinsames Singen**

**Pause**

Am Nikolaustag bekommt jedes Kind einen Weckmann und Saft. Die Eltern trinken Kaffee.

Gebet:

*Bevor wir essen, Herr,*
*denken wir an die,*
*die Hunger haben und nicht satt werden:*
*Hunger nach Essen und Trinken,*
*Hunger nach Gerechtigkeit,*
*Hunger nach Liebe,*
*Hunger nach Hoffnung.*
*Stille du ihren Hunger,*
*wie du heute mittag*
*unseren Hunger stillst.*
*Laß uns dabei mithelfen*
*und zeige uns,*
*was wir tun können.*

(D. Block)

Aus: Detlev Block, Gut, daß du da bist. Gebete für Kinder, Edition Anker im Christlichen Verlagshaus, Stuttgart

**Gemeinsames Singen**

**Andacht**

Kerzenbaum
Vaterunser
Segen

**Sternchen begrüßt die Kinder und zeigt ihnen auf der Karte, wie weit Maria und Josef mit ihrem Esel schon gewandert sind.**

**Geschichte**

*Gegen Abend treffen sie einen Hirten an einer Feuerstelle. Dort dürfen auch sie sich aufwärmen und ausruhen.*
(Der Hirte und die Schafe wurden schon vorher angeheftet. Maria, Josef und der Esel werden in Anwesenheit der Kinder weitergerückt)

**Basteln**

Kinder bekommen einen Hirten, Schafe, eine Palme und die Feuerstelle zum Ausschneiden und Anmalen.

**Lied**

*„Feuer in der Nacht"*
Lieder nach Wunsch

**Spiel**

Reise nach Bethlehem
Stühle (einer weniger als Mitspieler) mit dem Rücken zueinander aufstellen. Die Kindergruppe wandert nach Musik um die Stuhlreihen. Sobald die Musik abbricht, versuchen alle Mitspieler, sich auf einen freien Stuhl zu setzen. Derjenige, der keinen Platz bekommen hat, scheidet aus. Ein Stuhl wird weggestellt. Das Spiel beginnt von neuem.

**Pause**

Essen und Trinken

**Basteln**

Nachricht nach Hause von unterwegs
Die Kinder gestalten Postkarten. Zuerst werden die Stempel geschnitten. Aus Moosgummi schneiden die Kinder Sterne, Herzen oder ande-

re Motive aus, die dann auf kleine Holzklötzchen geklebt werden. Man kann auch sehr gut Muster in die Schnittflächen von Kartoffeln schneiden und diese dann als Stempel verwenden. Gebrauchte Flaschenkorken eignen sich auch zur Stempelherstellung.

Als Stempelfarbe boten wir Abtönfarben (wenig) auf Schaumgummi.

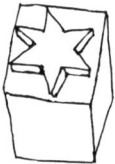

Nun kann mit dem Kartendrucken begonnen werden. Es macht den Kindern viel Spaß, vielerlei bunte Muster zu gestalten.

**Lied**

*„Wenn wir uns die Hände geben"*

**Andacht**

Als lange Kinderkette ziehen wir im Kreis um den Kerzenbaum
dort werden die Kerzen angezündet.
Gespräch
Vaterunser
Gebet:
*Der Herr sei vor dir,*
*um dir den rechten Weg zu zeigen.*
*Der Herr sei neben dir,*
*um dich in die Arme zu schließen*
*und dich zu schützen.*
*Der Herr sei hinter dir,*
*um dich zu bewahren*
*vor der Heimtücke böser Menschen.*
*Der Herr sei unter dir,*
*um dich aufzufangen,*
*wenn du fällst,*
*um dich aus der Schlinge zu ziehen.*
*Der Herr sei in dir,*
*um dich zu trösten,*
*wenn du traurig bist.*
*Der Herr sei um dich herum,*
*um dich zu verteidigen,*
*wenn andere über dich herfallen.*
*Der Herr sei über dir,*
*um dich zu segnen.*
*So segne dich der gütige Gott.*
Irischer Segen

## 4. Tag

**Sternchen begrüßt die Kinder im Vorraum**

**Gemeinsames Singen**

Lieder nach Wunsch
Die Kinder fassen sich an den Händen und ziehen mit dem Lied.
„Wenn wir uns die Hände geben" in den Saal ein. Dort sehen sie an der
Landkarte, wie weit Maria und Josef auf ihrer Reise gekommen sind.

**Geschichte**

*Maria und Josef kommen heute bei der Schafherde am Fluß an. Dort
wollen sie eine längere Rast machen, sich erfrischen und die Wasser-
vorräte auffüllen.*

**Basteln**

Kinder schneiden Hirten, Schafe und einen liegenden Esel aus. Auf
dem Wandbild werden die Figuren weitergerückt und befestigt.

**Pause**

Auch wir rasten, essen und trinken gemeinsam.

*Auf der Rast überlegten sich Maria und Josef ein Geschenk für ihr
Kind, das bald zur Welt kommen wird. Auch wir basteln ein Geschenk
– eine schöne Kerze, die Licht spendet, wird ihm gefallen.*

**Basteln**

Kinder basteln eine Kekskerze aus je einem Keksstern, einem Waffelröllchen, das mit Zuckerguß aufrecht in den Stern geklebt wird. Eine
Mandel, die mit Zuckerguß oben in dem Waffelröllchen befestigt wird,
soll die Flamme sein. Der Stern unten wird mit Smarties oder anderen
bunten Zuckerperlen geschmückt.

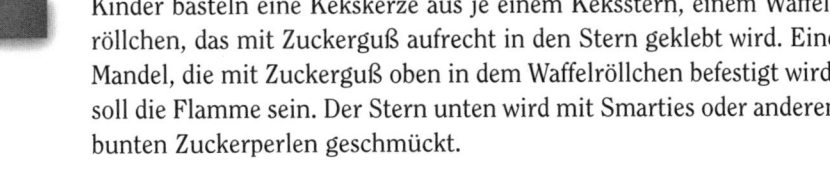

In einer anderen Gruppe können Transparentsterne gearbeitet werden.
Auf Tonkarton werden die Sterne, aufgezeichnet. Eine Spitze des Sterns
endet auf einem Kartonstreifen, (der anschließend um ein Teelicht
geklebt werden soll). Die Sterne werden ausgeschnitten, mit Transparentpapier hinterklebt. Das Teelicht wird eingepaßt und befestigt.

Kleine Geschenkkörbchen - Sternkörbchen - aus Briefpapier gefaltet - können größere Kinder sehr gut herstellen. Kleineren Kindern sollte geholfen werden.

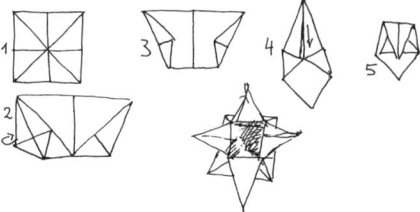

Das quadratische Faltblatt wird nach der einen Seite diagonal, nach der anderen Seite zum Bug gefaltet.
Nun wird das Blatt Kante auf Kante (Bug nach unten) gelegt. Die schmalen Kanten werden zum schrägen Bug gefaltet (2); dann werden die offenen Kanten nach außen gezogen. Die kleinen Dreiecke der Außenkante werden nach hinten umgelegt. (3) Ebenso faltet man an den Mittellinien. Es entsteht eine Drachenform (4). Das auf der Spitze stehende Quadrat wird quergefalzt und wieder zurückgelegt. Alle vier Sternspitzen werden nach unten gebogen. (5) Mit dem Daumen greift man in die Faltform und zieht das Körbchen vorsichtig in Form.

**Andacht**

Alle Geschenke stellen wir, mit Namen versehen, um den Kerzenbaum.
Gespräch
Dort überlegen wir uns, womit wir anderen Menschen Freude bereiten können. (Ein neues Lied vorsingen, helfen, kleinere Geschwister beaufsichtigen und mit ihnen spielen, ein Brief an Freunde etc.)
Gebet:
*Gott, es gibt Menschen auf der Welt,*
*die leiden Hunger.*
*Warum finden sie keine Nahrung?*
*Es gibt Kinder, die krank sind vor Hunger.*
*Es gibt Kinder, die sterben, weil sie nichts zu essen haben.*
*Ich habe genug zu essen,*
*und doch kann ich diesen Menschen nicht helfen.*
*Aber du, Herr, kannst es.*
*Du hast Mitleid mit ihnen.*
*Zeige mir einen Weg,*
*wie auch ich helfen kann.*
*Amen.* (M. Leist)
Aus: Marielene Leist, Gebetbuch für Kinder und ihre Eltern,
Verlag Herder, Freiburg 21. Aufl. 1995
Lieder
Vaterunser
Segen

**5. Tag**

**Sternchen begrüßt**

*Auf ihrem Weg durch die Wüste sehen Maria und Josef in der Ferne Könige auf ihren Kamelen. Ein Hirte erzählt ihnen, daß die Könige einem Stern nachfolgen und einen König suchen.*

Vorbereitete Königsfiguren und Kamele werden auf der großen Karte aufgeklebt.

**Basteln**

Die Kinder bekommen Könige und Kamele zum Ausschneiden und Anmalen.

**Geschichte**

1. Teil

*Als Jesus in Bethlehem geboren werden sollte, erschien der Stern, der seine Geburt anzeigte, nicht nur den Weisen im Morgenlande, sondern auch einem König in Rußland. Es war zwar kein großer, mächtiger Herr; er war auch nicht besonders reich oder klug. Er war ein kleiner König mit einem guten Herzen, menschenfreundlich, gutmütig, gesellig und einem Spaß nicht abgeneigt. Dieser kleine König wollte dabeisein, wenn der höchste Herr selber auf die Welt kommen sollte. Er packte also die schönsten Sachen ein, die in Rußland zu finden waren, um sie dem Königskind zu schenken: zartes Linnen, warme Pelze, Gold und Edelsteine und von seiner Mutter einen Krug mit Honig. Dann sattelte er sein Lieblingspferd und folgte dem Stern, der am Himmel vor ihm herzog.*

*Und während er dahinritt, bedachte er, wie brennend nötig die Welt einen neuen, allmächtigen König brauchte, der die Verfolgten schützte, die Unterdrückten aufrichtete, die Gefangenen erlöste, die Kranken heilte und die Gerechten belohnte.*

*Als er wohl ein paar Monate unterwegs war, begegnete er drei Herren, die wie er aufgebrochen waren, den neuen König zu suchen. Aber gegen soviel Pracht und Würde, wie da auf den Kamelrücken schaukelte, nahm er sich nur wie ein Strolch aus, und den gebildeten Gesprächen konnte er nicht folgen. So zog er allein weiter und legte sich nachts in eine Scheune zum Schlafen nieder. Mitten in der Nacht aber wurde er von einem schmerzlichen Stöhnen geweckt. Da entdeckte er ein junges Bettelweib, das hatte gerade einem Mädchen das Leben geschenkt. Als der kleine König ihre Armut sah, zögerte er nicht und holte zu essen und zu trinken, trennte vom Linnen einige Maß für Windeln und füllte ihren leeren Beutel mit ein paar Goldstücken. „Eigentlich sind die Gaben ja für den neuen König bestimmt", dachte er, „doch Mutter und Kind hier haben meine Hilfe jetzt bitter nötig." Die junge Bettlerin aber sagte: „In meinem Land solltest du König sein. Doch ich gelte ja nichts, und so kann ich dich nur zum König über mein Herz machen."*

*Je weiter der kleine König nach Süden zog, desto schlimmer wurden Armut und Elend der Leute. Überall gab es Krankheit und Not. Bald war der Goldvorrat geschrumpft, denn immer wieder nahm der kleine König aus seinen Taschen, um zu helfen. Schließlich besaß er nichts mehr als das Pferdchen, und eines Morgens war auch das Tier zu schwach, um aufzustehen, und wenig später war es tot. So mußte der kleine König zu Fuß weiterreisen. „Was hat alles genutzt?" dachte er traurig. „Nun komme ich doch zu spät und ohne jede Gabe zur Geburt des großen Herrschers."*

*Wie ein Landstreicher zog er dem Stern nach, der noch immer am Himmel leuchtete, und gelangte eines Tages in eine Hafenstadt.*

**Spiel**

Blinzeln – Zuzwinkern

Bei diesem Spiel stellt man einen Stuhlkreis auf. Auf jedem Stuhl sitzt ein Spieler, und hinter jedem Stuhl steht ein zweiter Spieler. Der auf dem Stuhl Sitzende ist der Bewachte, der hinter dem Stuhl Stehende ist der Bewacher. Einer der Stühle ist unbesetzt, aber es steht ein Bewacher dahinter. Die Bewacher halten die Hände hinter dem Rücken, die Bewachten lehnen sich zurück. Nun zwinkert der Bewacher des leeren Stuhles einem der Bewachten zu, der nunmehr versuchen muß, seinem Bewacher zu entkommen. Gelingt ihm dies nicht, weil ihn sein Bewacher festhält, so zwinkert der freie Bewacher einem anderen Bewachten zu, bis es ihm gelingt, einen Spieler auf seinen Stuhl zu bekommen. Derjenige, der seinen Schützling verloren hat, muß seinerseits mit dem Zwinkern fortfahren.

**Basteln**

Jetzt wird eine Sternkette gebastelt.

Jedes Kind schneidet seinen Stern aus, beschriftet ihn mit seinem Namen und befestigt ihn mit Musterklammern an einer langen Sternkette. (Es ist ratsam, zuerst gruppenweise die Sterne zusammenzufügen.) Die Sternenkette wird im Saal aufgespannt.

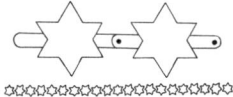

**Gemeinsames Singen**

Da wir alle kleine Könige sind auf dem Weg nach Bethlehem, basteln wir jetzt Teelichtkronen aus Tonpapier, die wir zur Andacht um den Kerzenbaum stellen.

**Basteln**

Kronen – Teelichtleuchter

Die Zeichnung auf Teelichtgröße übertragen. Für die Leuchter eignet sich Tonkarton oder Metallfolie. Die Sternspitzen werden an den gestrichelten Linien nach oben gefaltet. Ein Streifen aus demselben Papier etwa 1,5 cm wird von innen an die Sternzacken angeklebt. Die Spitzen werden nach außen gebogen. Das Teelicht wird eingesetzt - die Kronenleuchter sind fertig.

**Geschichte**

2. Teil

*Am Ufer herrschten Tumult und Geschrei. Ein Galeerensträfling war auf der Fahrt gestorben; nun sollte der Sohn anstelle des Vaters die Schuld abbüßen. Die Mutter weinte und bat den Schiffsherrn um Gnade; doch der kannte kein Erbarmen und drohte ihr Gewalt an. „Dann gehe ich statt des Knaben", sagte da der kleine König leise und stieg ins Schiff hinunter, wo man ihn an der Ruderbank in Ketten legte. Dreißig grausam lange Jahre währte die Zeit. Am Ende war der kleine König nur noch ein Schatten seiner selbst. Als er entlassen werden sollte, mußte man ihn an Land tragen. Er taugte nicht mehr zur Arbeit. Er taugte nur noch zum Sterben.*

*Und wie er da matt und lebensmüde am Strand lag und am liebsten für immer eingeschlafen wäre, da kam ein reicher Mann und holte ihn zu sich in sein Haus. Und während er sich langsam erholte, erzählte dieser ihm, daß er seiner Mutter habe versprechen müssen, bis an sein Lebensende jeden entlassenen Galeerensträfling bei sich aufzunehmen und zu versorgen. Das sei die Dankesschuld, die er abtragen müsse.*

*Als seine Füße ihn wieder trugen, verabschiedete sich der kleine König und zog weiter in der Richtung, in der er vor dreißig Jahren den Stern zuletzt gesehen hatte. Die Straßen waren voll von Leuten, die alle zu einem Fest in einer großen Stadt unterwegs waren. Unter ihnen bemerkte der König schließlich eine alte Bettlerin, die immer mit ihm Schritt hielt. Am Abend, als er sich in einer Felsnische zum Schlafen niederlegte, war auch die Alte dort, und sie begannen miteinander zu sprechen. Und der kleine König erzählte von seiner großen Reise und daß alles vergeblich gewesen sei. Da antwortete ihm die Frau: „Auch einer, der nichts mehr hat, kann schenken. Ich habe einmal alles gegeben, was ich besaß: mein Herz. Noch heute bin ich froh darüber. Nichts geht verloren." Dem kleinen König traten Tränen in die Augen, und er dachte zurück an jenen Abend vor mehr als dreißig Jahren in einer alten zugigen Scheune.*

*Als der Tag heranbrach, zogen sie weiter. Das Gedränge nahm zu; Lärm erfüllte die Straßen. „Die Leute wollen einen König sehen", erklärte die Alte. „Er ist wenig älter als dreißig Jahre. Man wird ihn kreuzigen, ihn, der die Armen geliebt, die Schwachen getröstet und die Unterdrückten aufgerichtet hat." Dem kleinen König wollte es schwarz werden vor Augen. Mühsam keuchte er den Hügel hinauf, wo er drei Kreuze aufgerichtet sah. Schritt für Schritt kam er näher, die Augen fest auf den Gekreuzigten in der Mitte gerichtet. Und als er vor ihm stand und ihm ins Gesicht sah, da war er sich ganz sicher: „Ich bin nicht zu spät gekommen", murmelte er. „Mein Herz, Herr, mein Herz." Dann sank er vor dem Kreuz zu Boden.*

Einer russischen Legende nacherzählt

**Lied**

*„Eine große Karawane"* oder Lieder nach Wunsch.

**Andacht**

Vaterunser
Segen

## 6. Tag

**Sternchen begrüßt**

Gemeinsanes Singen  Lied

Geschichte  *Wir sind schon weit gekommen. Maria und Josef sehen schon die Lichter der Stadt – wie wird es ihnen da ergehen?*

Die Kinder schneiden aus Tonpapier vorgezeichnete Häuschenteile aus, die, mit Transparentpapier hinterklebt, zu Häusern zusammengefügt werden. Mit einem Teelicht bestückt, werden die Häuschen zu einer leuchtenden Stadt aufgestellt.

*In der Stadt sind schon sehr viele Menschen angekommen, die sich durch die engen Gassen drängen. Alle Herbergen und Unterkünfte sind mit Menschen gefüllt. Wo sollen Maria und Josef einen Platz finden, um in Ruhe ihr Kind zu bekommen? Ein Wirt weiß noch einen Stall – nur dort können sie unterkommen.*

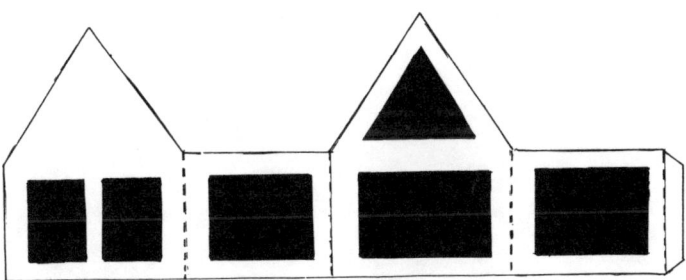

Pause  Essen und Trinken
Die mitgebrachten Plätzchen werden auf Tellern angerichtet. Das Obst wird von den Kindern geschält und geschnitten. Ein Obstsalat wird heute für alle angeboten.

Anschließend könnte das Spiel „Obstsalat" gespielt werden.

**Spiel**

Obstsalat

Es wird ein Stuhlkreis gebildet. Es muß ein Stuhl weniger sein, als es Mitspieler gibt. Die in „Obstsorten" eingeteilten Kinder sitzen auf Stühlen; ein Kind steht in der Mitte und spielt Koch. Es sagt: „In einen Obstsalat gehören Äpfel und Birnen": Alle „Äpfel, Birnen" springen schnell auf und suchen sich einen neuen, freien Platz. Auch der Koch versucht einen neuen Platz zu ergattern. Derjenige, der übrigbleibt, spielt als Koch weiter.

Dieses Spiel kann natürlich auch mit „Weihnachtsgebäck" gespielt werden.; die anwesenden Kinder werden in „Backzutaten" wie z. B. Honig, Mandeln, Schokolade etc. eingeteilt.

**Lieder**

Lieder nach Wunsch

**Andacht**

Aufstellen des Kerzenbaums in der Mitte – es brennen schon viele Kerzen. Austeilen des Kindes in der Krippe (kurze Meditation).
Gebet:
*Vater im Himmel, wir danken dir.*
*Du hast deinen Sohn für uns geschickt.*
*Jesus, wir lieben dich und beten dich an.*
*Du bist für uns auf die Erde gekommen.*
*Herr Jesus, ich glaube an dich.*
*Du bist der Sohn Gottes, der Mensch geworden ist*
*und zu uns gekommen ist, um uns von seinem Vater zu erzählen,*
*um uns zu retten und uns zu unserem Vater zurückzubringen.*
Vaterunser
Segen – wir freuen uns auf Weihnachten und das Krippenspiel in der Kirche (dort treffen sich die Kinder zum letzten Mal).

# STERNSTUNDEN
# ADVENTSKALENDER
## Diese Uhr zählt die Tage
## bis Weihnachten

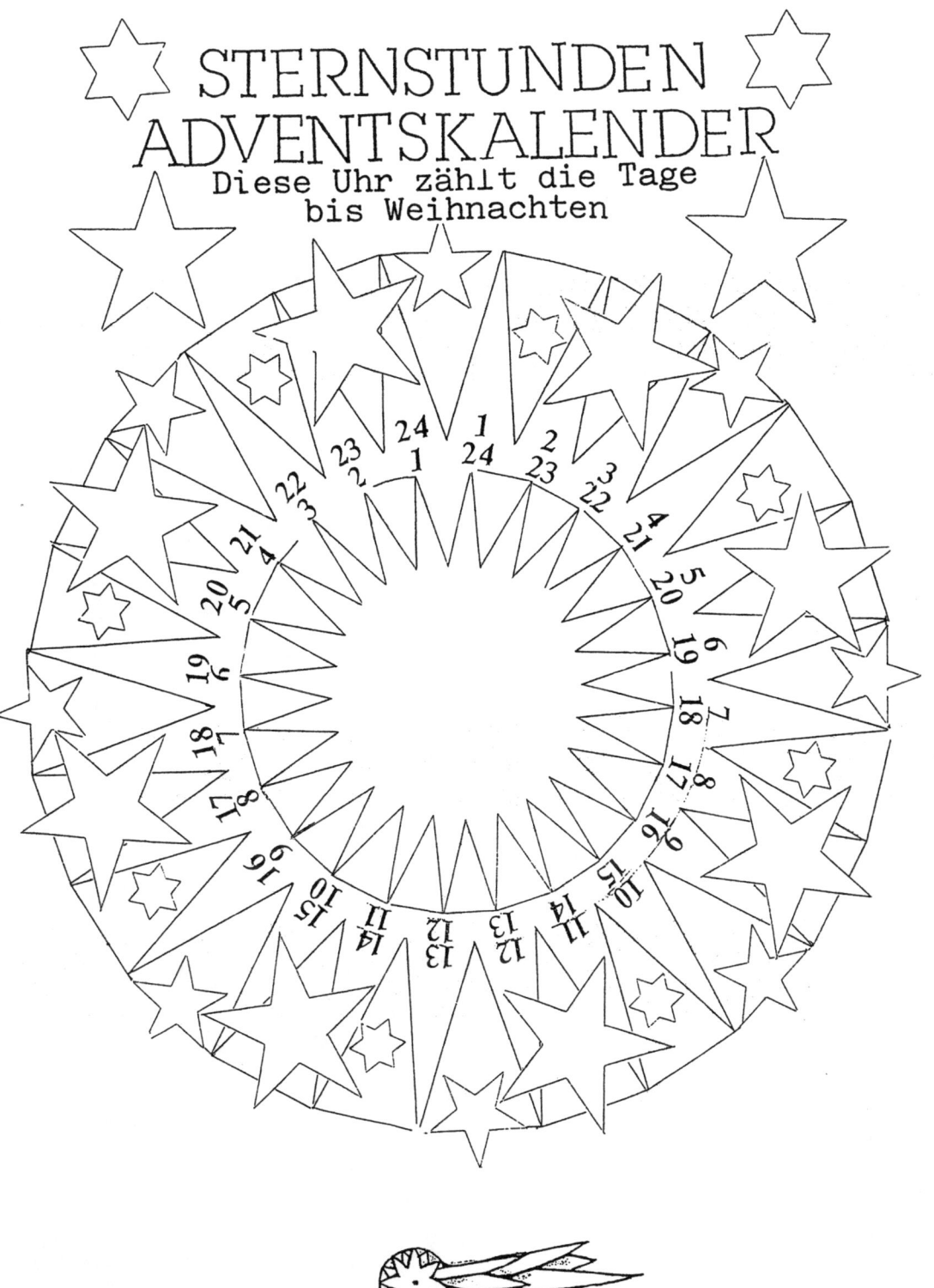

# VON NAZARETH NACH BETHLEHEM

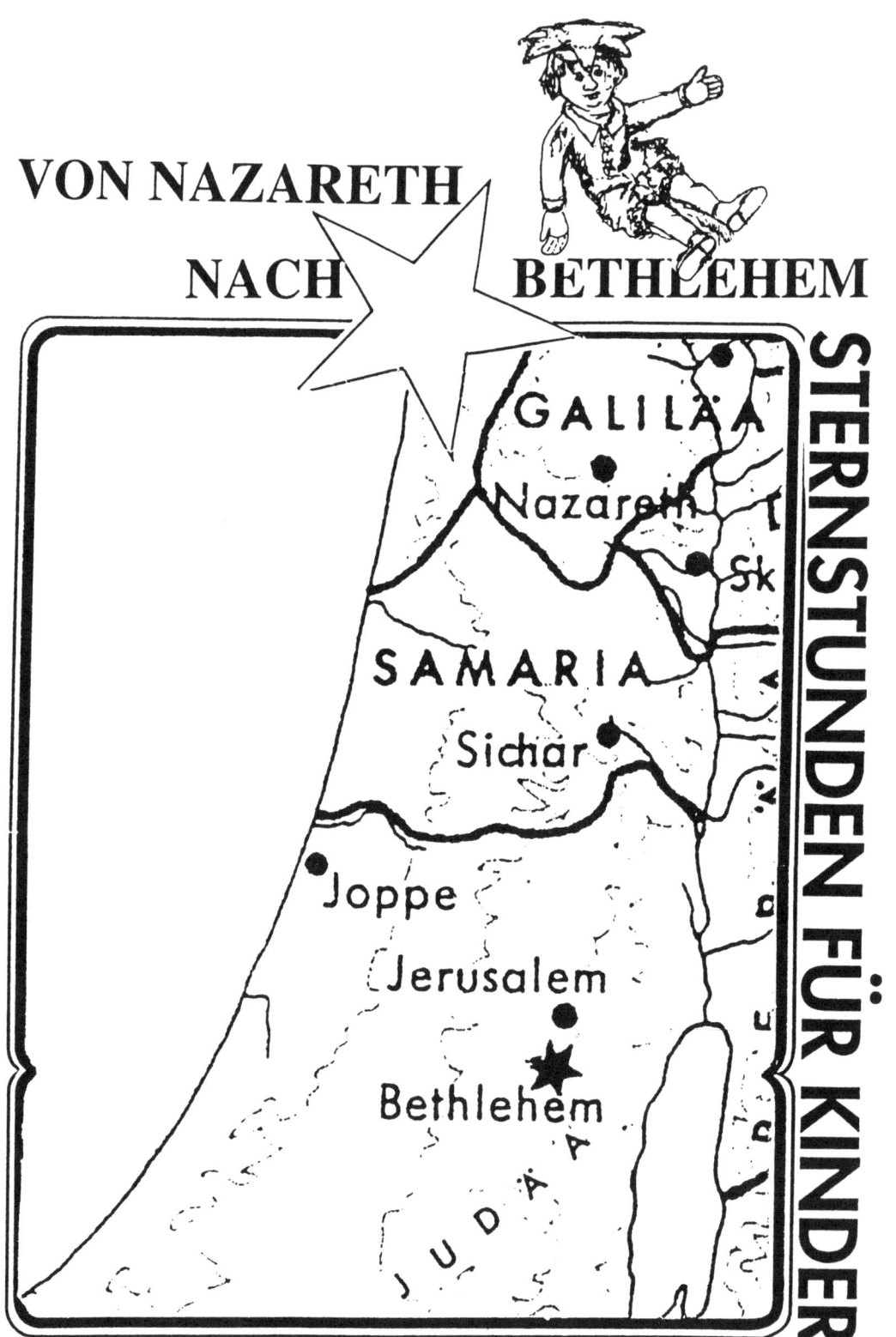

GALILÄA

Nazareth

Sk

SAMARIA

Sichar

Joppe

Jerusalem

Bethlehem

JUDÄA

STERNSTUNDEN FÜR KINDER

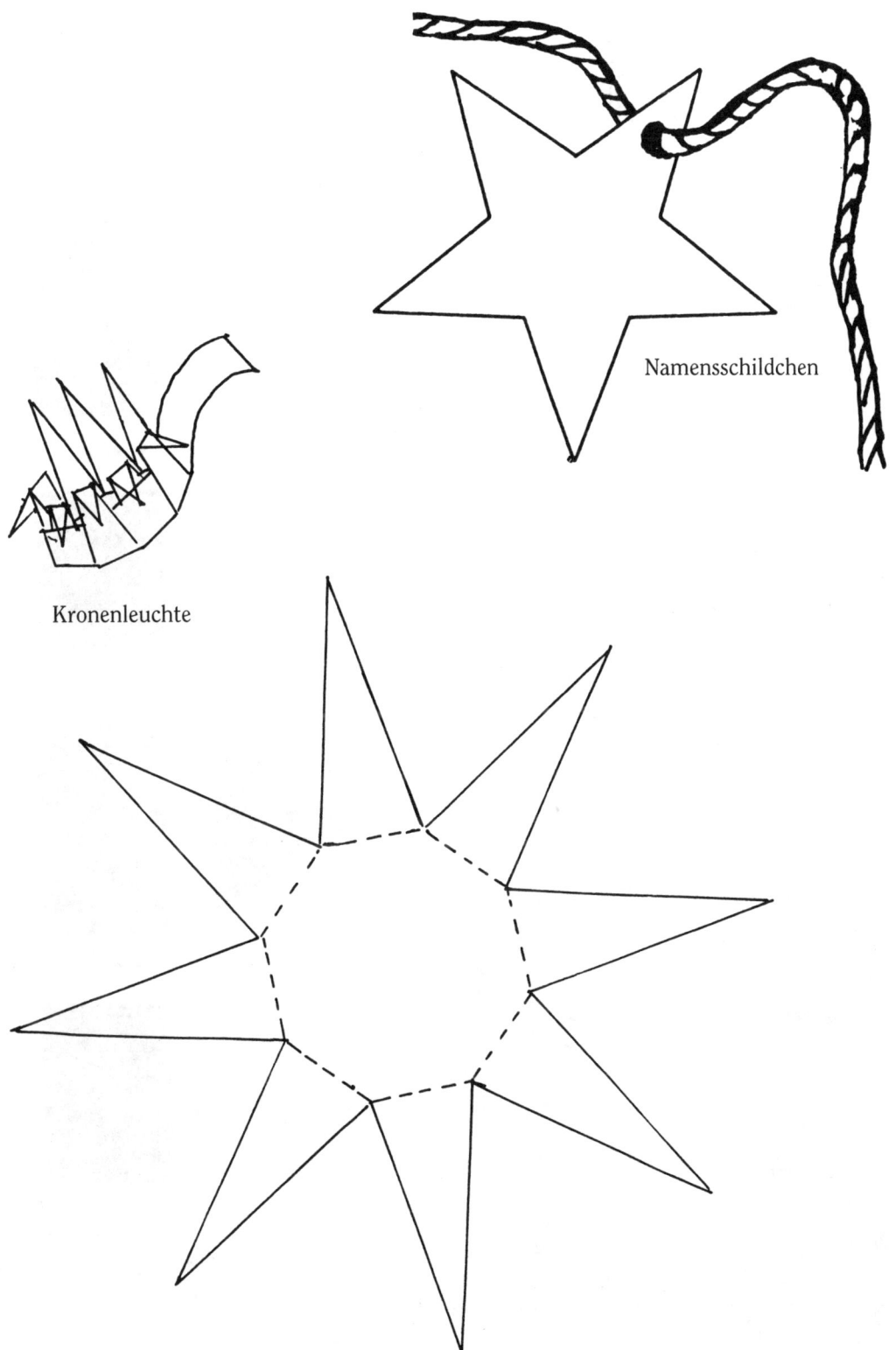

Namensschildchen

Kronenleuchte

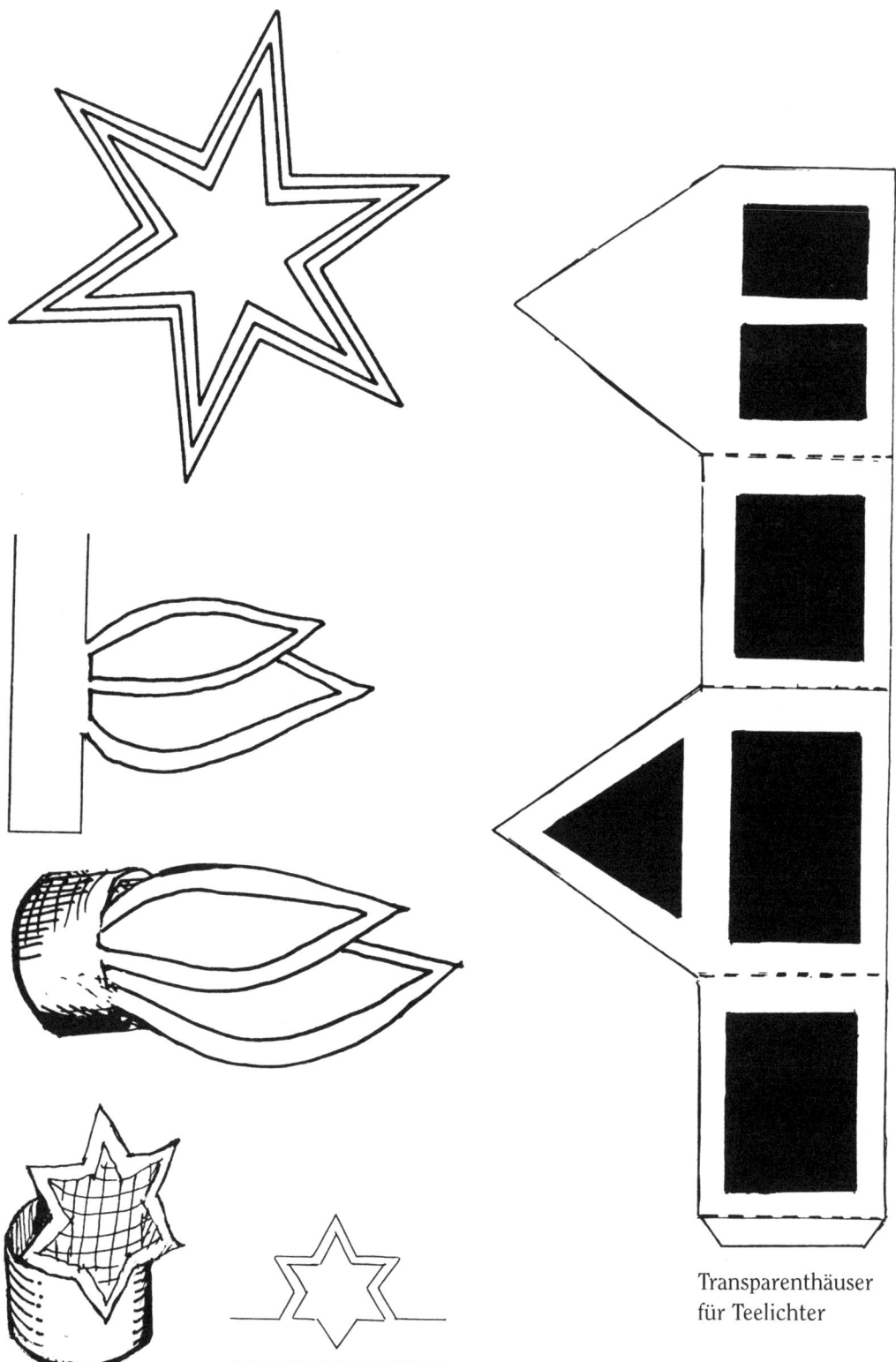

Transparenthäuser
für Teelichter

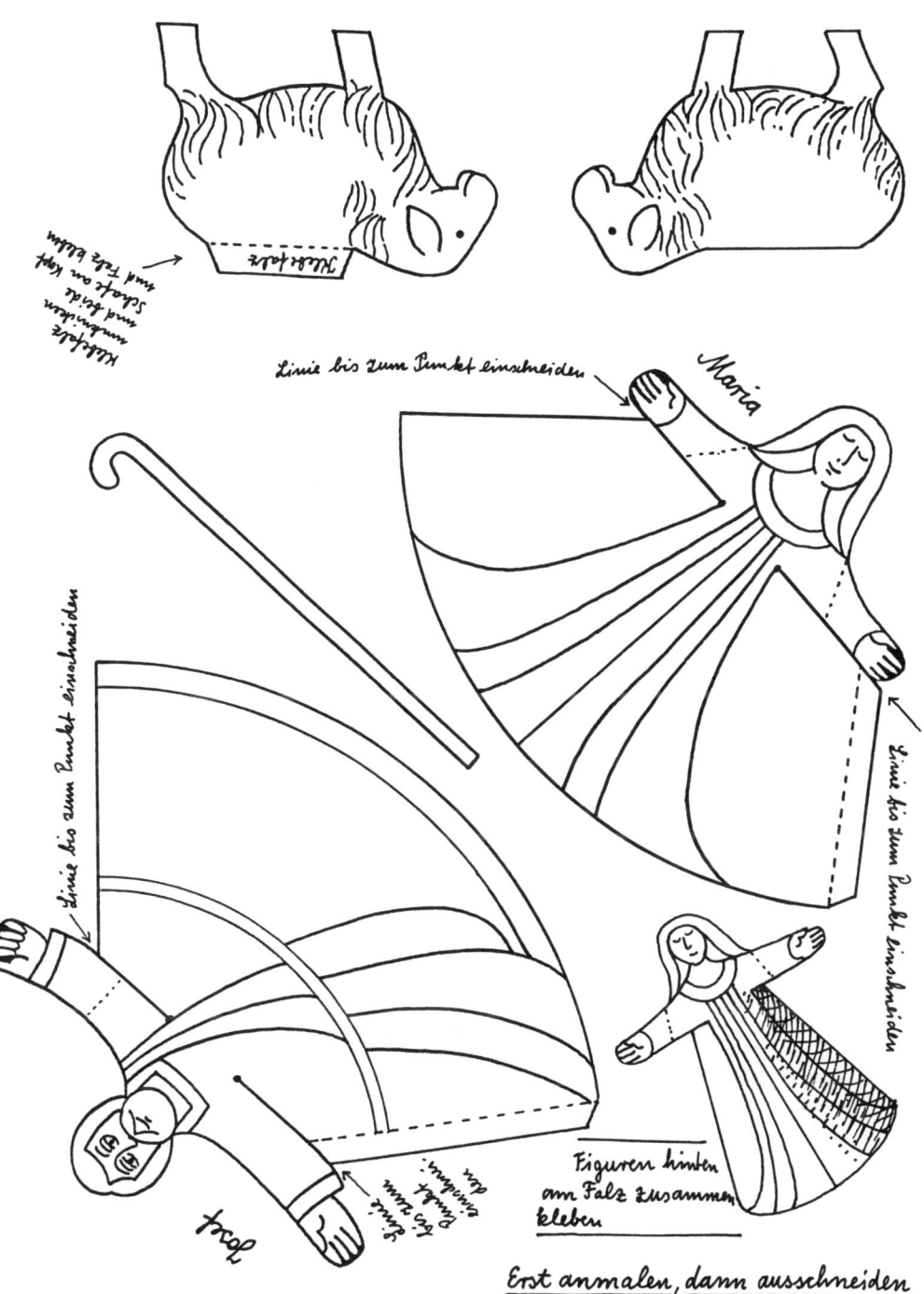

Klebefalz umschneiden und beide Schafe am Kopf und Falz kleben.

Klebefalz

Linie bis zum Punkt einschneiden

Maria

Linie bis zum Punkt einschneiden

Linie bis zum Punkt einschneiden

Josef

Linie bis zum Punkt einschneiden

Figuren hinten am Falz zusammen kleben

Erst anmalen, dann ausschneiden

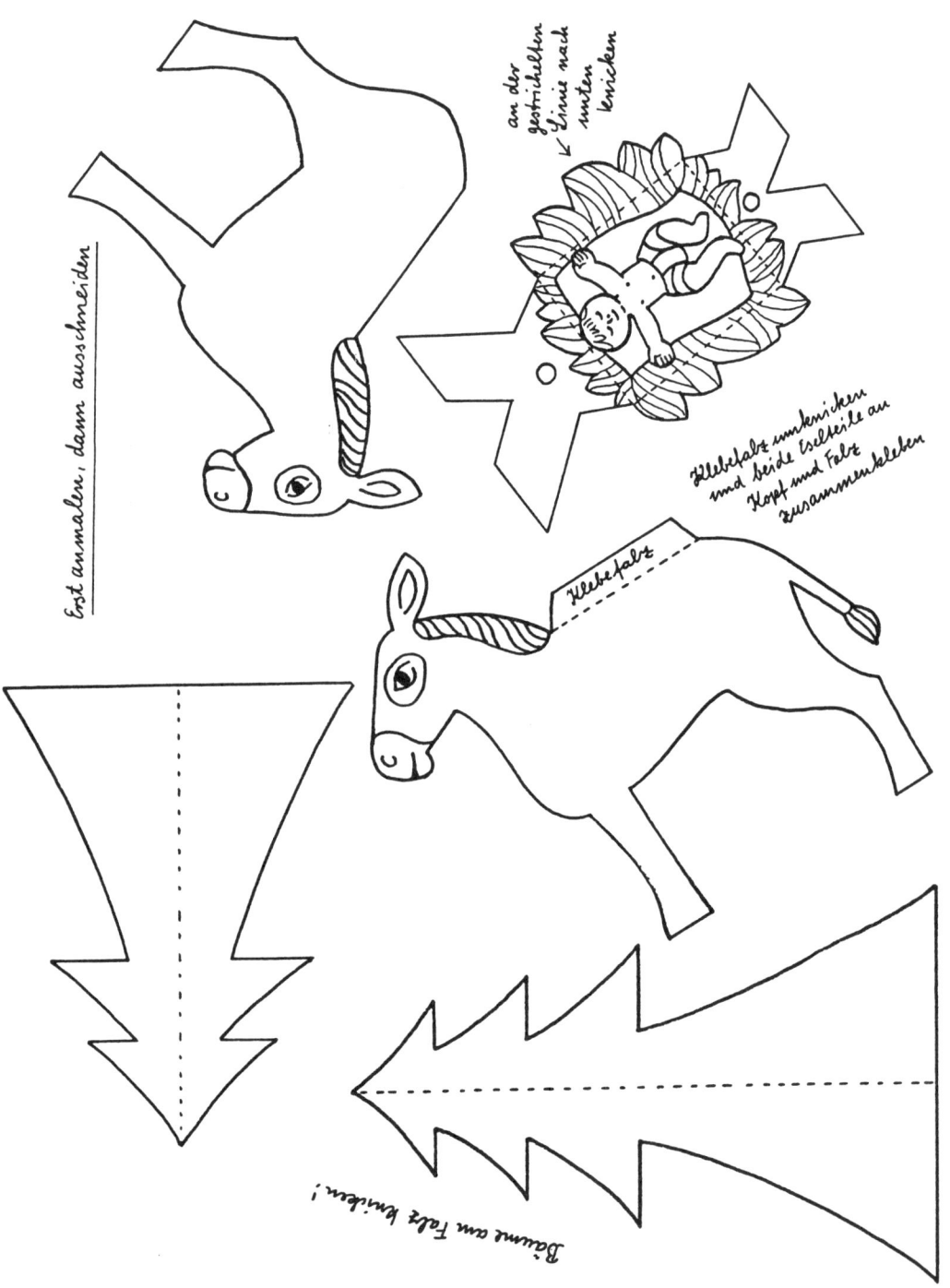

Erst anmalen, dann ausschneiden

an der gestrichelten Linie nach unten knicken

Klebefalz umknicken und beide Eselteile an Kopf und Falz zusammenkleben

Klebefalz

Bäume am Falz knicken!

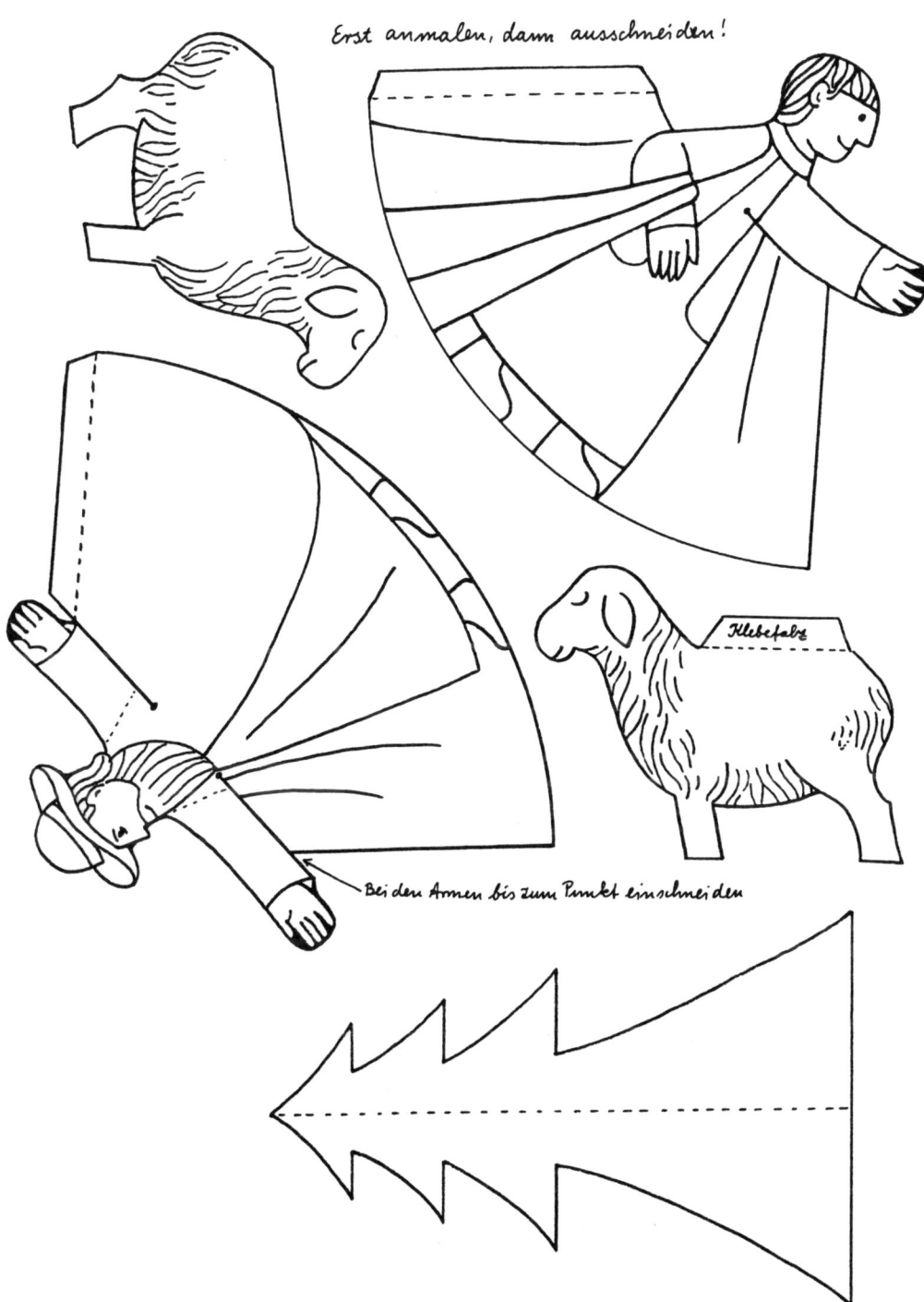

Erst anmalen, dann ausschneiden!

Klebefalz

Bei den Armen bis zum Punkt einschneiden

67

bis zum Punkt einschneiden

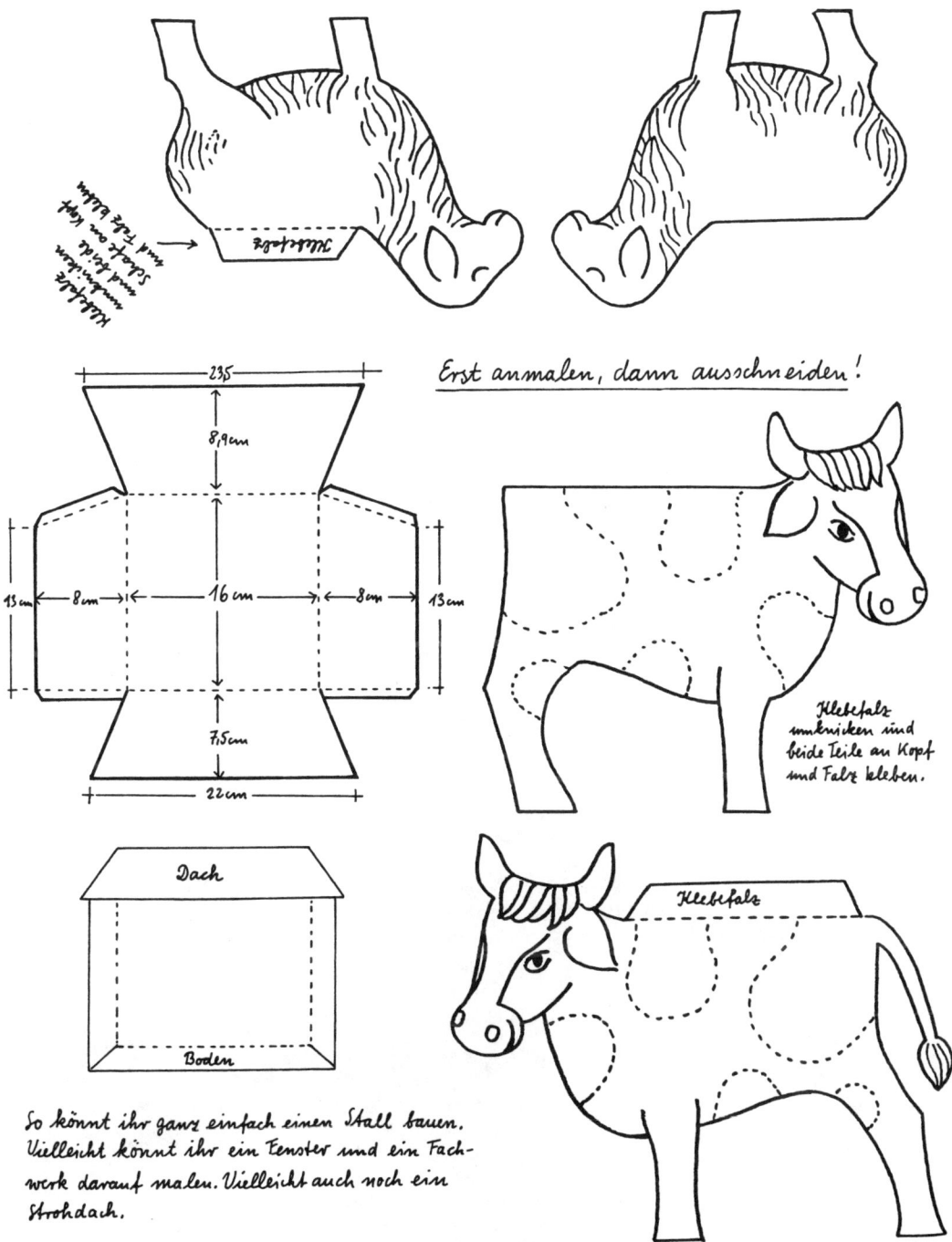

Erst anmalen, dann ausschneiden!

Klebefalz
umknicken und
beide Teile an Kopf
und Falz kleben.

Dach

Boden

So könnt ihr ganz einfach einen Stall bauen.
Vielleicht könnt ihr ein Fenster und ein Fach-
werk darauf malen. Vielleicht auch noch ein
Strohdach.

EINLADUNG

STERN STUNDEN

UNSER WEG
NACH
BETHLEHEM

STERNSTUNDEN FÜR KINDER

# STERNSTUNDEN

 **1. Tag**
* Begrüßung mit Sternchen
* Dreiecksbild Weg wird vorgestellt
* Austeilung der Liederhefte
* Lied
* Namensschildchen Kinderausweis
* Vorstellung der Betreuerinnen
* Geschichte: Aufruf zur Volkszählung
* Malen: Jedes Kind malt sich und stellt sich auf den Weg
* Pause
* Lieder
* Austeilung der Adventkalenderuhr
* Spiel: Reise nach Jerusalem
* Basteln: Eine Laterne für unsere Wanderung
* Kerzenbaum
* Meditation: Weggedanken
* Gebet

Vorbereitungen:

Dreiecksbild herstellen,
Namenschilder kopieren,
Liederhefte, Adventsuhren,
Laternenkopien,
Teelichter,
Gebäck und Getränke,
Kerzenbaum,
Stoff, Steine, Blätter, Äste,
Tannenzapfen

 **2. Tag**
* Begrüßung Sternchen
* Lieder nach Wunsch
* Gespräch über „Weggenossen"
* Basteln: Schafe und Esel
* ausschneiden
* Lieder
* Fortsetzungsgeschichte:
* Schnecke
* Getränke und Gebäck
* Schnecken formen aus vorbereitetem Teig
* Basteln: Schnecken aus Wellpappe
* Spiel: Schaf und Wolf
* Andacht

Vorbereitungen:

Kopierte Figuren Schafe
und Esel,
Getränke und Gebäck,
Hefeteig, Wellpappestreifen,
Teppichklebeband

 **3. Tag**
* Begrüßung mit Sternchen
* Lied
* Basteln: Kopierte Figuren Maria und Josef
* Erzählgeschichte
* Lieder nach Wunsch
* Spiel: In meinem Rucksack
* Essen und trinken
* Basteln: Schäfchen zum Aufstellen
* Basteln: Hampelschäfchen
* Gemeinsames Singen
* Spiel: mit den gebastelten Schafen
* Andacht um den Kerzenbaum
* Segen

Vorbereitungen:

Kopierte Figuren,
je 6 Jutesäckchen pro Wettgruppe, gefüllt mit zerknülltem Zeitungspapier,
Aufgezeichnete Schäfchenteile, ungesponnene Schafwolle, kopiertes Hampelschäfchen, evtl. in Taschentuchgröße grüne Stoffstücke als Wiese für die Schafe

**4. Tag**
* Begrüßung
* Lied
* Basteln: Hirt und Schafe
* Hirtengeschichte
* Basteln: Sterne zum Aufhängen
* Lied
* Essen und trinken
* Basteln in Gruppen
  – Strohstern
  – Stehender Stern als Tischschmuck
  – Papiergirlande
* Andacht: Überlegungen zum guten Hirten
* „Der Herr ist mein Hirte"
* Lied
* Vaterunser
* Segen

**5. Tag**
* Begrüßung
* Basteln: auf festem Kopierkarton
* Vervielfältigte Könige anmalen und ausschneiden
* Könige für Dreiecksbild
* Geschichte
* Kette aus Strohhalmen basteln
* Pause
* Lied
* Kronen aus Wellpappe für jedes Kind
* Andacht um den Kerzenbaum
* oder Meditationsgang mit Kronen
* Lied
* Vaterunser
* Segen

**6. Tag**
* Begrüßung
* Lieder nach Wunsch
* Erzählung
* Jesuskind anmalen, ausschneiden
* Singen
* Schmuckkästchen basteln
* Pause
* Andacht Gespräch am Dreiecksbild, das inzwischen zum Christbaum wurde
* Lied
* Gebet
* Segen

Vorbereitungen:

Kopierte Figuren,
Farbiges Schreibmaschinenpapier, Handtacker,
Bändchen Strohhalme,
Bändchen Gold- oder Tonpapier, Papierstreifen aus
farbigem Papier
Kopiertes Bild „Guter Hirte"
evtl. für jedes Kind in Kleinformat,
Getränke und Gebäck

Vorbereitungen:

Kopien von Königen,
Könige für Dreiecksbild,
Strohhalme, Nadeln und
Zwirn,
Getränke und Gebäck,
auf Wellpappe aufgezeichnete Kronen, Tacker,
Kerzenbaum

Vorbereitungen:

Kopiertes Jesuskind,
Auf Tonpapier aufgezeichnete Schmuckkästchen,
Dreiecksbild,
Laternenbaum,
die Kinder bringen heute
Weihnachtsgebäck mit

**1. Tag**

**Begrüßung mit Kontaktfigur Sternchen oder Schaf Felix**
**Vorstellung des Dreiecksbildes „Weg" und Überlegungen dazu.**

**Dreiecksbild**

Austeilung der Liederhefte

**Gemeinsames Singen**

**Namensschilder**

Vorstellung der Betreuerinnen und Betreuer

**Geschichte**

Bibelgeschichte
*„Aufruf zur Volkszählung"*

*Erzählgeschichte: Bekanntmachung, Bekanntmachung –*
*In der Stadt Nazareth in Galiläa war was los. Die Leute dort liefen aus*
*ihren Häusern, um zu hören, was der Bote des Kaisers Augustus ihnen*
*zu melden hatte. Damals gab es noch keine Zeitungen; es war wichtig*
*zu wissen, was dem Kaiser mal wieder eingefallen war.*
*„Hört ihr Leute in Nazareth, im Namen des Kaisers Augustus und im*
*Auftrag seines Statthalters Quirinius verkünde ich euch ein Gebot:*

*Zum erstenmal wird eine Schätzung durchgeführt. Jedermann ist aufgefordert, in seine Stadt zu gehen, um sich aufschreiben und schätzen zu lassen."*
*Da war was los in Nazareth, jedermann eilte zurück in seine Hütte, um das Nötigste zusammenzupacken, was auf einer langen Reise benötigt wurde.*

**Malen**

Jedes Kind malt sich, schneidet die Figur aus und klebt sie auf den Weg.

**Pause**

Pause

**Gemeinsames Singen**

Lieder

Austeilung der Adventskalender
Jedes Kind erhält seine Adventskalenderuhr; die Zeiger werden ausgeschnitten und in der Mitte der Uhr mit einer Musterklammer befestigt. Bei genügend Zeit kann die Uhr von den Kindern bemalt werden.

**Spiel**

Reise nach Jerusalem

**Liedkreis**

Unterwegs wenn es dunkel ist, brauchen wir ein Licht. Wir basteln eine Laterne für unsere Wanderung.

**Basteln**

Laterne
Jedes Kind erhält einen Tonpapierstreifen 25 cm lang und 9 cm hoch. Auf den Tonpapierstreifen können schon vorher die Konturen der Laterne eingezeichnet werden. Einfacher ist es, die Laternenumrisse auf festerem farbigem Kopierpapier zu kopieren. Die Knickstellen der Laterne können vorher mit einer Messerrückseite leicht eingeritzt werden. Jetzt werden die Laternen ausgeschnitten, mit Transparentpapier hinterklebt, und zusammengeklebt. Der Laternenboden muß 6 x 6 cm groß sein. Er wird als nächstes aufgeklebt. Ein Teelicht kann mit Uhu darauf festgeklebt werden. Ein Stück Draht wird an den vorgezeichneten Stellen befestigt.

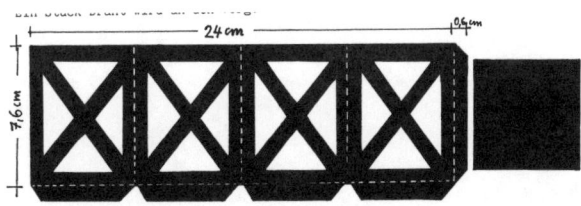

**vor Meditation**
Kerzenbaum in die Mitte stellen.
Die ersten Kerzen werden angezündet.

**Meditation**
Weggedanken – Ein langes graues oder braunes Tuch wird auf dem Fußboden ausgebreitet. „Das ist ein Weg; den wollen wir gehen. Dieser Weg ist nicht glatt und; wir müssen gut aufpassen, damit wir über keinen Stein stolpern. Vorbereitete Steine dürfen von den Kindern auf den Weg gelegt werden. Auf dem Weg liegen auch Blätter und Ästchen von den Bäumen, die am Wegrand stehen. (Kinder legen Blätter und Äste auf den Weg).

Wenn wir auf unsern Weg achten, sehen wir, daß viele kleine Tiere unterwegs sind: Käfer und Schnecken etc. (Kinder legen Schneckenhäuser auf den Weg). Jetzt dürfen einige Kinder nacheinander diesen Weg gehen.

Gebet:

*Lieber Gott, wir danken dir für die Menschen, die uns begleiten*
*wir danken dir für die Blumen und Bäume, die am Wege stehen,*
*wir danken dir für die Käfer, Schmetterlinge und all die Tiere,*
*die wir unterwegs sehen. Wir danken dir für die Vögel,*
*die über uns fliegen.*
*Wir danken dir für die Sonne, die scheint und uns wärmt*
*mit ihren Strahlen.*
*Wir danken dir für die Wolken, die uns vorauseilen,*
*wir danken dir für den Wind, der uns durchpustet.*
*Wir danken dir für den Mond und die Sterne, die die Nacht*
*erleuchten.*
*Wir danken dir für das Wasser, das unseren Durst löscht und uns*
*erfrischt.*
*Wir danken dir für die Erde und all die Pflanzen,*
*die daraus wachsen,*
*damit alle satt werden können.*
*Lieber Gott, als du die Welt erschaffen hattest, sahst du,*
*es war alles gut.*
*Hilf uns, mit deiner Schöpfung dankbar und gewissenhaft*
*umzugehen.*

Lied

Segen

## 2. Tag

**Begrüßung mit Kontaktfigur**

**Gemeinsames Singen**

Lieder nach Wunsch

**Gespräch**

über Weggenossen und Tiere, die wir unterwegs antreffen.

Mit uns sind viele Menschen auf dem Weg nach Bethlehem. Manche davon haben wir gern; andere kennen wir nicht und wollen sie auch nicht kennenlernen. Es gibt Kinder, die wir immer blöd fanden; jetzt haben wir bemerkt, sie sind richtig toll, haben gute Ideen, spielen und lachen gern. Außer Menschen und Kindern sind aber auch noch andere Lebewesen zu sehen: Käfer etwa und Schnecken, Spinnen, sogar Regenwürmer können wir bemerken, wenn wir nach unten schauen.

Geht der Blick nach oben, sehen wir Bäume, darüber Wolken, fliegende Vögel und nachts sogar Sterne.

Dies alles hat Gott gemacht, damit wir uns daran freuen und damit es uns auf unserem Weg nicht zu eintönig wird. Was habt ihr denn Interessantes auf dem Weg gesehen? Was könnte uns noch alles begegnen?

**Basteln**

Schafe und Esel ausschneiden und anmalen: einige davon werden auf das Dreiecksbild geklebt. Jedes Kind darf aber für eine eigene Krippe zu Hause Schafe und Esel mitnehmen.

**Gemeinsames Singen**

Folgende Geschichte kann abschnittsweise an mehreren Tagen vorgelesen werden.

**Geschichte**

*„Der weite Weg nach Betlehem"*

*Der Wolf*
*Im fernen Land Israel lebte vor 2000 Jahren eine Schnecke. Die hieß Sofia, und sie war alt und weise. Alle Weissagungen der alten Propheten hatte sie gelesen und kannte sie in- und auswendig. Und sie glaubte*

ihnen. Sie glaubte ganz fest daran, daß einer kommt, der alles gut macht: ein Heiland, ein Helfer.

Die Schnecke wartete und wartete. In ihrem langen Leben hatte sie so viel Unheil gesehen, daß sie es fast nicht mehr tragen konnte. Wie eine schwere Last lag alles auf ihr. Nun hoffte sie auf den Einen, der ihr alles abnehmen würde.

Das Alter brachte es mit sich, daß sie ein wenig wetterfühlig wurde. Eines Tages fühlte sie ein bisher unbekanntes Reißen in ihren Gliedern. „Es liegt etwas in der Luft", murmelte sie, „ich glaube, es ist soweit. Ich glaube er kommt, der Heiland der Welt. Wie sagt doch der Prophet Micha? In Bethlehem wird er zur Welt kommen. Also werde ich mich jetzt unverzüglich auf den Weg machen. Denn ich möchte eine der ersten sein, die den Heiland der Welt begrüßt!"

Und so machte die Schnecke sich auf den Weg: langsam und bedächtig, aber voll Hoffnung.

Auf einmal stand ein Wolf vor ihr mit struppigem Fell, grün funkelnden Augen und einem riesigen Maul voll scharfer Zähne. Er knurrte die Schnecke (S) böse an:

W: Hast du keine Angst vor mir?

S: Warum sollte ich Angst vor dir haben?

W: Weil ich böse bin.

S: Wer sagt das?

W: Die Menschen.

S: Warum sagen die Menschen das?

W: Weil ich ihre Schafe fresse.

S: Und wozu brauchen die Menschen die Schafe?

W: Weil sie sie selbst gern essen.

S: Ach, das ist interessant. Sie nennen dich böse, weil du das gleiche tust wie sie?

W: So genau habe ich mir das noch nicht überlegt. Aber so scheint es zu sein.

S: Dann bist du auch nicht böser als die Menschen.

W: Aber was kann ich tun, daß sie mich nicht mehr hassen?

S: Kein Mensch kann etwas dagegen tun. Aber ich weiß, daß bald einer kommt, der alle Menschen liebt.

W: Wer ist das?

S: Das ist einer, auf den ich schon lange warte. In Bethlehem kommt er zur Welt, unter einem großen Stern. Ich gehe zu ihm. Willst du nicht mitkommen?

W: O doch! Wenn du meinst, daß er mich nicht haßt, dann gehe ich mit.

*Der Esel*

Manchmal wollte Sofia ganz allein gehen auf ihrem Weg, weil sie nachdenken mußte über die alten Propheten. Dann aber freute sie sich auch wieder über neue Bekanntschaften. Mitten in einer wunderschönen Wacholderheide traf sie einen Esel.

S: Kannst du mir sagen, ob dies der Weg nach Bethlehem ist?

E: Mich darfst du nicht fragen. Ich bin dumm.

S: Wer sagt, daß du dumm bist?

E: Die Menschen.

S: Glaubst du alles, was die Menschen sagen?

E: Ja.

S: Dann bist du allerdings ein bißchen einfältig. Weißt du, die Menschen verwechseln Dummheit mit Gutmütigkeit. Ich habe schon gehört, daß auch gutmütige Menschen dumm genannt und ausgelacht werden. Es ist überall das gleiche!

E: Wenn du meinst, daß ich nicht dumm, sondern gutmütig bin, dann freut mich das.

S: Du bist nicht nur gutmütig, Esel. Du wirst auch noch einmal sehr berühmt werden. Wenn ich die Weissagung des Propheten Sacharja richtig verstehe, dann könntest du es sein, der den Heiland der Welt einmal tragen wird – hinein nach Jerusalem.

E: Wer ist das, der Heiland der Welt?

S: Das ist der, der in wenigen Tagen zur Welt kommt in Bethlehem, wohin ich unterwegs bin. Wenn er größer ist, ist er ein bißchen wie du: gutmütig und trägt die Lasten der Menschen und wird ausgelacht. Sag, willst du ihn dir nicht ansehen?

E: Aber sicher werde ich ihn mir ansehen! Wo ich ihn doch vielleicht einmal tragen werde!


### Der Lahme

Mit der Zeit wurde Sofia doch recht müde. Sie hatte längst nicht den Schwung vom ersten Tag. Ja, sie meinte fast, immer langsamer zu werden. Da hörte sie hinter sich auch noch ein hämisches Lachen.

L: Wir beide passen gut zusammen: du mit deinem Kriechfuß und ich mit meinen Krücken. Wir taugen doch beide nichts!

S: Du, beleidige mich gefälligst nicht! Was soll das heißen? Warum sollten wir nichts taugen?

L: Ich bin lahm, und du kommst auch nicht schneller voran.

S: Ach, und du denkst, man ist nur etwas wert, wenn man schnell laufen kann?

L: So hab ich`s nun auch wieder nicht gemeint. Aber einen Lahmen wie mich kann wirklich niemand brauchen, glaube mir.

S: Na ja, als Schnelläufer scheinst du wirklich nicht geeignet. Aber vielleicht taugst du zum Geschichten-Erzählen, zum Briefe-Schreiben. Oder vielleicht kannst du traurige Kinder trösten, Puppen reparieren oder Flöte spielen?

L: Hör auf! Es genügt, was dir alles einfällt. Komisch: Bisher habe ich immer nur daran gedacht, daß ich nicht laufen kann. Was ich alles kann, das habe ich mir noch nie überlegt.

S: Das tun viele. Mir geht`s auch manchmal so. Seit ich unterwegs bin, *frag ich mich oft, warum ausgerechnet ich so langsam sein muß. Dann wünsche ich mir eine Taube zu sein.*

*L: Wohin bist du unterwegs?*

*S: Ich suche den Helfer, den Gott uns schickt, den Heiland, der alles Leid der Welt auf sich nimmt.*

*L: Dorthin muß ich auch. Ich werde ihn bitten, daß er meine Lahmheit von mir nimmt.*

*S: Oder du könntest ihn um ein Wunder bitten. Du könntest ihn bitten, daß er dich lehrt, auch als Lahmer ein glücklicher Mensch zu sein.*

*Ein junger Hirte*

*Manchmal wanderte Sofia auch ganz gern bei Nacht unter dem Sternenhimmel. Sie hatte dann immer besonders schöne Gedanken. Und außerdem durfte sie ja auf keinen Fall den großen Stern versäumen, wenn er aufgeht. In der Nacht kam sie an ein kleines Feuer. Dort könnten Menschen sein, dachte sie. Ich tät ganz gern wieder mal ein Schwätzchen halten. Da hörte sie auch schon jemanden singen. Es war ein sehr trauriges Lied. Ein junger Hirte sang's.*

*S: Warum singst du mitten in der Nacht? Und warum ist dein Lied so traurig?*

*H: Weil ich Angst habe.*

*S: Wovor hast du Angst?*

*H: Vor der Dunkelheit.*

*S: Vor der Dunkelheit brauchst du nicht mehr lange Angst zu haben. Bald wird ein Stern aufgehen, der alle anderen Sterne überstrahlt. Dann wird einer geboren: ein Licht in der Finsternis.*

*H: Das verstehe ich nicht.*

*S: Ich auch nicht. Es ist eine uralte Weissagung. Sie ist schwer zu begreifen. Aber wenn ich daran denke, vergeht meine Angst.*

*– Stern geht auf –*

*H: Du, ich finde: Es ist schon ein bißchen heller geworden!*

*S: Kein Wunder! Hirte, Hirte – da schau hinauf zum Himmel! Da ist er, mein Stern! Schau doch, wie groß und strahlend er ist! Und was für einen langen Schweif er hat! Wie wunderbar er leuchtet! Der Stern von Bethlehem ist aufgegangen! Der Heiland der Welt ist geboren!*

*H: Sagtest du „Stern von Bethlehem"?*

*S: Ja, warum?*

*H: Schau, da unten liegt Bethlehem. Gleich da unten. Komm, ich zeig dir's!*

*S: Mein Gott, Hirte! Mir ist ganz schwindelig vor Freude. Mein Herz klopft bis zum Hals. Du - bitte - nimm mich in die Hand! Trag mich vollends das letzte Stück. Wir sind dann schneller dort beim Kind.*

*Zärtlich nahm der Hirte Sofia in die Hand. Er spürte ihr kleines Herz klopfen. Um sie zu beruhigen, sang er ein Lied. Dann spürte er, wie sie sich in ihr Haus zurückzog. Jetzt betet sie, dachte er. Drin im Städtchen war`s ganz leicht, das Haus zu finden. Strahlend schön und hell stand der Stern über einem Stall. Der Hirte setzte Sofia wieder auf den Boden. Hinein in den Stall sollte sie allein gehen! Und dann war der große Augenblick gekommen:*
*Sofia war am Ziel ihrer Reise. Ganz langsam kroch sie über die Schwelle. Und dann sah sie das Wunder der Heiligen Nacht. Sie sah, was sie seit Jahren geträumt hatte. Und es war genau so, wie es die alten Propheten geweissagt hatten. Sie sah das Kind, sah seine Mutter, seinen Vater. Sah all die anderen Menschen und Tiere, denen sie unterwegs begegnet war.*
*(Nach Annegert Fuchshuber, Der Stein, aus: Der Weite Weg nach Bethlehem, Adventskalender, © Verlag Ernst Kaufmann Lahr)*

**Pause**  Essen und trinken

**Backen**  Schnecke aus Teig formen und backen

Zutaten:
300 g Mehl
300 ml Flüssigkeit
(halb Milch, halb Wasser)
1 Prise Zucker
1 gehäuften Teelöffel Trockenhefe
1 Eßlöffel Sonnenblumenöl
1 Teelöffel Salz
1 Eßlöffel Milch zum Bestreichen
Butter zum Einfetten der Form

1. Milch und Wasser in einem Topf erwärmen und in eine kleine Schüssel gießen. Zucker hinzufügen. Trockenhefe hineinstreuen und umrühren, bis sie sich auflöst. Vorteig 10 Minuten gehen lassen.
2. Mehl und Salz in eine große Schüssel sieben. Den inzwischen schaumig gewordenen Vorteig und das Öl hineingießen. Den Teig gut durcharbeiten, bis er sich von der Schüssel löst.
3. Teig auf eine Arbeitsfläche legen. So lange kneten, bis der Teig glatt und elastisch ist. In eine leicht geölte Kastenform legen, mit einem Tuch abdecken und 1 Stunde an einem warmen Ort gehen lassen.
4. Den Teig nochmals 10 Minuten kneten, gehen lassen. Eine Handvoll Teig zu einer langen Rolle formen. Die Rolle von unten beginnend spiralförmig wie ein Schneckenhaus aufdrehen.

Backofen auf 190° C, Gas Stufe 5 vorheizen. Backzeit 20–25 Minuten.
Aus: Caroline Green, Kinder kochen mit Vergnügen, Delphin Verlag, Köln 1993

Schnecken aus Wellpappe
Jedes Kind erhält einen Wellpappestreifen 47 cm lang und 3 cm hoch. 10 cm dieses Streifens werden an einem Ende umgeklappt und zusammengeklebt. Das andere Ende wird zum Schneckenhaus eingerollt, größere Kinder können darauf achten, die nächste Runde immer etwas zu versetzen, so daß eine kleine Höhlung entsteht.
Die ersten 4 cm sollen als späterer Schneckenschwanz klebstofffrei bleiben. Kleine Perlen, auf Zahnstocher geklebt, werden als Fühler eingeklebt. Die Zahnstocher sorgen dafür, das die Schnecke vorn etwas hochsteht.

Wolf und Schaf
Ein Kind ist der Wolf, die anderen sind Schafe. Die Kinder stehen anfangs jeweils zu zweit Hand in Hand im Kreis. In dieser Stellung darf der Wolf den Schafen nichts tun. Die Schafe lassen sich los und springen herum; kommt der Wolf in die Nähe, fassen sie sich schnell an der Hand. Bei drei Schafen darf der Wolf eins abschlagen. Ist ein Schaf getroffen, wird es zum Wolf und der Wolf zum Schaf. Der Wolf kann durch ein Band gekennzeichnet werden. – oder
Die Kinder stehen im Kreis Hand in Hand (Gehege). Im Gehege springen einige Schafe; außerhalb des Kreises lauert der Wolf. Die Schafe dürfen ein- und ausgehen; dazu haben die Kinder die Arme nach oben. Kommt der Wolf, wird das Gehege geschlossen – die Arme werden gesenkt. Schafft es der Wolf doch einmal, ins Gehege zu kommen, darf er ein Schaf abschlagen, das dann Wolf spielen muß. Natürlich dürfen die Schafe auch außerhalb des Kreises gefangen werden. Während des Spiels kann folgendes Liedchen gesungen werden: „Schafe, stellt euch nicht dumm, der Wolf geht heut um, wenn er rein will, gebt fein acht, wird das Gehege zugemacht!"

um den Kerzenbaum
Lied
Gebet einer Schnecke:
*Du weißt, Herr, ich bin nicht eine der Schnellsten.*
*Ich trage mein Haus, habe Stummelfüße,*
*muß lange nachdenken über den Weg.*
*Die Augen sehen bis zum nächsten Grashalm.*
*Vielleicht bin ich manchmal an dir vorbeigekrochen*
*und habe dich nicht erkannt.*
*Vergib, Herr, der du zählst die Schleimspuren*
*im Schotter, und laß – wenn auch spät –*
*die Lastenträger, die langsamen,*
*ankommen bei dir."*
(Rudolf Otto Wiemer) © beim Autor
Vaterunser
Segen

# 3. Tag

**Begrüßung Sternchen oder Schaf**

**Gemeinsames Singen**

**Basteln**

Maria + Josef
Kopierte Figuren anmalen und ausschneiden, auf den Weg kleben. Kleinere Figuren den Kindern für die Krippe zu Hause mitgeben.

**Geschichte**

*Maria hatte ihre Cousine Elisabeth besucht, die hinter den Bergen in einem anderen Ort wohnt. Sie hatten sich dort viel erzählt. Beide erwarteten ein Baby und beide freuten sich richtig darauf. Und dort bei Elisabeth hatte Maria zum erstenmal gespürt, ihr Baby strampelte in ihrem Leib. Seit dort konnte sie seine Ankunft kaum noch erwarten. Es war wunderbar, ein Kind zu bekommen, und wunderbar war es auch gewesen, als ein Engel bei ihr erschienen war und ihr die Botschaft brachte: sie würde ein Kind bekommen, sein Name solle Jesus sein, und das heißt „Gott rettet". Mein Kind – Gottes Sohn – dachte sie immer wieder, und sie konnte alles immer noch nicht richtig begreifen.*

*Josef, mit dem sie damals verlobt war, verstand alles noch weniger, und auch ihm war ein Engel im Traum erschienen und hatte ihm alles erzählt. Seit dort lebten Maria und Josef zusammen.*

*Josef war froh, daß Maria gesund aus den Bergen heimgekommen war nach Nazareth. Aber er war auch bekümmert. Er mußte ihr erzählen, daß ein Aufruf des Kaisers ergangen war, daß sich alle Menschen in ihrer Vaterstadt eintragen lassen mußten. Sie mußten eine lange Reise durch Gebirge und Wüste antreten, obwohl Maria schwanger war. Beide packten alles zusammen, was sie unterwegs brauchten: etwas zu essen und zu trinken, Kleidungsstücke, eine Decke für die kalten*

*Nächte und natürlich Windeln für das Baby. Alles luden sie auf ihren Esel und machten sich auf den Weg.*
*Sie holten ihr Schaf aus dem Stall und brachten es einem Hirten. Der Hirte sollte gut auf das Schaf aufpassen, bis sie wieder nach Nazareth zurückkommen.*
*Dann machten sie sich endgültig auf den Weg.*

**Gemeinsames Singen**   Lieder

**Spiel**   In meinem Rucksack sind...
Im Stuhlkreis sitzend erzählt das erste Kind: „In meinem Rucksack sind ein Butterbrot, ein Paar Handschuhe"; so geht es weiter reihum, bis der Rucksack voll ist. Man kann vereinbaren, daß diejenigen, die nicht weiterwissen, einen Stern für den Weg ausschneiden. Man darf aber auch weiterhelfen.

**Basteln**   2 Schäfchenteile auf festerem Tonpapier aufgezeichnet, von den Kindern ausschneiden und zusammenkleben lassen. Ohren ebenfalls ankleben. Das Schäfchen wird mit Naturschafwolle umwickelt, die Füße nach außen geknickt – fertig.

**Pause**   Essen und trinken

**Basteln**    Ein Hampelschäfchen für kleinere Kinder zum Anmalen, Ausschneiden und Zusammensetzen mit Musterklammern.

**Lieder**

**Spiel**   Spiel mit den gebastelten Schafen

**Andacht**   Andacht um den Kerzenbaum, die Schäfchen werden darum gestellt.
Gebet
Segen

# 4. Tag

**Kontaktfigur erzählt von Hirten und Sternen, denen wir unterwegs begegnen.**

**Gemeinsames Singen**

**Basteln**

Hirt und Schafe, auf festerem Papier kopiert, werden angemalt, ausgeschnitten und auf den Weg geklebt.
Kleinere kopierte Figuren werden den Kindern für die Krippe zu Hause mitgegeben.

**Geschichte**

*„Hirtengeschichte"*

*Der Weg war mühsam und steil; Maria und Josef wanderten vorsichtig auf den engen Wegen. Hoffentlich hatten sie den Gipfel bald überwunden! Sie paßten gut auf, daß ihr Esel nicht vom Wege abkam und stürzte, denn es wurde schon langsam dunkel.*

*Vom Himmel begannen die Sterne zu funkeln, es war so, als ob sie dort aufgehängt wären, um ihren Weg zu beleuchten. Und dort, in der Ferne, sahen sie ein Feuer; sie konnten es auch schon riechen.*

*Beim Näherkommen sahen sie einen Hirten, der dort bei seinen Schafen Nachtwache hielt. „Dort dürfen wir sicher unser Nachtlager aufschlagen", meinte Josef, „dort, in der Nähe des Feuers wirst du es sicher warm haben Maria."*

*Auch der Hirte freute sich über den unerwarteten Besuch. So saßen die drei noch lange am Feuer und erzählten.*

*Sie teilten das Essen miteinander und schliefen dann ruhig inmitten der Schafherde ein.*

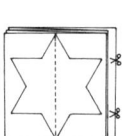

### Sterne zum Aufhängen

Auf Seite 99 sind Sterne in verschiedenen Größen abgebildet. Mit einem Stück Transparentpapier wird einer der Sterne durchgepaust. Daraus kann nun eine Schablone geschnitten werden. Ein Streifen Buntpapier wird mehrmals gefaltet; mit der Schablone wird auf die Oberseite ein Stern gezeichnet. Nun nehmen wir das gefaltete Papier in die Hand und schneiden gleichzeitig mehrere Sterne aus. Die Sterne werden mit Heftklammern in der Mitte zusammengeknipst. Mit der Heftklammer können wir auch einen Faden befestigen, um den Stern aufzuhängen. Wenn die Sternhälften auseinandergefaltet werden, erhalten wir einen plastischen Stern. Wir können auch mehrere Sterne in verschiedenen Größen untereinanderhängen.

**Gemeinsames Singen**

**Pause**

Essen und trinken

**Basteln**

### Fensterbild

Sterne werden ausgeschnitten, mit Transparentpapier hinterklebt und an die Fenster geklebt.

### Einfache Strohsterne

Für jede Sternhälfte braucht man 7 Strohhalme, etwa 6 cm lang. Auf den Tisch wird ein dünnes Band gelegt. Quer darauf sieben Halme, die angefeuchtet sind. Sie werden mit dem Bändchen umwickelt und zusammengebunden. Es sollte darauf geachtet werden, daß die Halme flach nebeneinander liegen. Die zwei Sternhälften werden aufeinandergelegt und mit einem Goldbändchen zusammengebunden. Zum Schluß werden die Halmenden zurechtgeschnitten.

### Stehender Stern als Tischschmuck

Zwei gleiche Sterne auf Tonpapier vorzeichnen und ausschneiden. Zwischen zwei Zacken bis zur Mitte einschneiden und die Sterne zusammenstecken.

### Papiergirlanden

Papierstreifen werden in gleichem Abstand gefaltet. Auf die obere Seite wird ein Stern so gezeichnet, daß seine Zackenspitzen bis in den Rand reichen. Die Sterne werden ausgeschnitten; es soll darauf geachtet werden, daß die Sternspitzen nicht durchgeschnitten werden. Jetzt wird unser Stern auseinandergefaltet. Eine Sterngirlande ist ent-

standen. Sie kann mit anderen zusammengeklebt und als Tischband verwendet werden. Sie eignet sich auch gut als Christbaumschmuck oder als Girlande durch den Saal.

Eine Sternreihe kann auf unseren Weg geklebt werden.

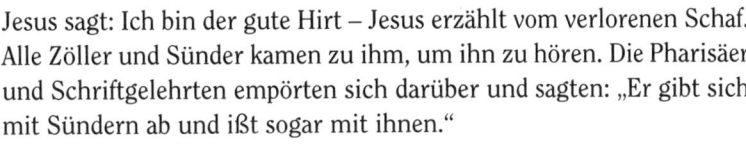

Jesus sagt: Ich bin der gute Hirt – Jesus erzählt vom verlorenen Schaf. Alle Zöller und Sünder kamen zu ihm, um ihn zu hören. Die Pharisäer und Schriftgelehrten empörten sich darüber und sagten: „Er gibt sich mit Sündern ab und ißt sogar mit ihnen."

Da erzählte er ihnen ein Gleichnis: „Wenn einer von euch hundert Schafe hat und eins davon verliert, läßt er dann nicht die neunundneunzig in der Steppe zurück und geht dem Verlorenen nach, bis er es findet? Und wenn er es gefunden hat, nimmt er es voll Freude auf die Schultern, und wenn er nach Hause kommt, ruft er seine Freunde und Nachbarn zusammen und sagt zu ihnen: Freut euch mit mir; ich habe mein Schaf wiedergefunden, das verloren war. Ich sage euch: Ebenso wird auch im Himmel mehr Freude herrschen über einen einzigen Sünder, der umkehrt, als über neunundneunzig Gerechte, die es nicht nötig haben umzukehren."

Lied

Gebet:

*Guter Gott,*
*die ganze Erde und alles, was auf ihr lebt,*
*gehört dir.*
*Den Himmel hast du aufgespannt wie ein großes Zelt.*
*Darunter dürfen wir wohnen und uns geborgen fühlen.*
*Wenn wir zum Himmel aufschauen,*
*sehen wir die Sonne, den Mond und die Sterne.*
*Du hast sie für uns geschaffen.*
*Wir Menschen sind nur klein und schwach.*
*Doch du denkst an uns und willst uns nahe sein.*
*Du bist groß und neigst dich uns zu.*
*Du hast uns die Erde gegeben,*
*damit wir sie hüten und bewahren.*
*Du hast uns alles anvertraut:*
*all die Schafe, Ziegen und Rinder*
*und auch die wilden Tiere,*
*die Vögel des Himmels und die Fische im Meer.*
*Vater unser im Himmel,*
*geheiligt werde dein Name.*

(nach Psalm 8)

Vaterunser

Segen

## 5. Tag

**Sternchen begrüßt**

**Basteln**
Kopierte Figuren – Könige – werden angemalt und ausgeschnitten. Drei Könige werden auf das Dreiecksbild geklebt. Die Kinder bekommen drei Könige für ihren Krippenaufbau zu Hause.

**Geschichte**
*Drei Könige waren auf dem Weg in Richtung Bethlehem. Sie hatten sich hier in der Wüste getroffen. Sie kamen aus verschiedenen Richtungen. Ihre kostbaren Kleider glänzten in der Sonne. Sie ritten auf Kamelen, einer sogar auf einem Elefanten. Sie hatten alle drei einen Stern gesehen, der hell leuchtete und vor ihnen herzog. Hier in der Wüste trafen sie sich und beschlossen, gemeinsam den Weg des Sterns weiter zu verfolgen. Denn sie waren sich sicher, dieser Stern zeigt die Ankunft eines neuen Königs an. Zu ihm wollen wir gehen. Ihn wollen wir beschenken, ihm wollen wir huldigen. Sie hatten Gold, Weihrauch und Myrrhe bei sich – kostbare Geschenke für den kommenden König.*

**Basteln**
Kette aus Stroh
Strohhalme werden in kleine Stücke von etwa 1,5 cm geschnitten. Abwechselnd werden diese – eins längs, zwei quer – auf einen Zwirnsfaden aufgezogen. Das erste Strohstückchen wird zweimal durchstochen – etwa 5 cm des Fadens sollten freigelassen werden – damit die Halme Halt bekommen. Ist die Kette lang genug, werden Anfangs- und Endstück des Zwirns zusammengeknotet.

**Pause** Essen und Trinken

**Gemeinsames Singen** Lied

**Basteln** Kronen aus Wellpappe
Aus Wellpappestreifen von 15 cm Höhe werden Zacken ausgeschnitten. Die Streifen werden im Kopfumfang des jeweiligen Kindes zusammengetackert.

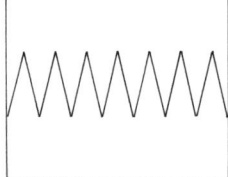 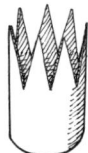

**Andacht** Mit den Kronen auf dem Kopf sitzen die Kinder um den Kerzenbaum. Wir sind alle auf dem Weg zum Licht. Nacheinander werden die Kerzen angezündet.
oder

Die Kinder gehen als kleine Könige hintereinander bei leiser Musik um einen Stern. Der Stern, auf dem in der Mitte eine Krippe stehen kann, ist aus zwei gelben Tüchern, Seitenlänge etwa einen Meter, übereinandergelegt. Sie sitzen mit ihren Strohketten in den Händen um den Stern. Ein Lied von drei Königen wird gesungen wie z. B. „Komm mit mir" oder „Eine Karawane". Nacheinander legen sie ihre Kette als Gabe auf den Stern.
Lied
Vaterunser
Segen

**6. Tag**

**Sternchen begrüßt**

| | |
|---|---|
| **Gemeinsames Singen** | Lieder nach Wunsch |

**Geschichte**

*Abends kamen Maria und Josef in Bethlehem an. Natürlich versuchten die beiden sofort, irgendwo eine Unterkunft zu finden. Überall hörten sie nur: „Kein Platz; Besetzt; Alles überfüllt!"*
*Sie waren hungrig, müde und erschöpft von dem langen Marsch.*
*Endlich erbarmte sich ein Wirt und schickte sie zu seinem Stall. „Dort habt ihr Platz und Ruhe; es liegt auch noch genügend Stroh dort. Da könnt ihr euch ein Lager machen."*
*In dieser Nacht kam ihr Kind auf die Welt. Sie legten es in eine Krippe. Die beiden freuten sich sehr.*
*Mitten in der Nacht kamen Hirten zu ihnen in den Stall. Sie erzählten von Engeln, die zu ihnen in der Nacht gekommen waren. Sie erzählten von einem hellen Licht vom Himmel bis zur Erde. Sie erzählten von einer Botschaft und von wunderbaren Tönen. Sie erwarteten, daß alles in Erfüllung ginge, was schon von alters her vorausgesagt war. Der Retter ist da, Gott will uns Frieden schenken. Die Hirten waren so von Freude erfüllt, daß sie allen erzählten, was sie erlebt hatten.*

**Basteln**

Jesuskind auf festerem Papier kopiert; anmalen, ausschneiden und in das Dreiecksbild einkleben. Jedem Kind ein Jesuskind für die eigene Krippe mitgeben.

**Gemeinsames Singen**   Lieder nach Wunsch

**Basteln**

Ein Schmuckkästchen für die Strohkette zum Verschenken
Auf Tonpapier aufgezeichnete Schmuckkästchen ausschneiden. Knickstellen vorsichtig falzen. Mit einem Tapetenmesser an bezeichneter
Stelle einschneiden. Kästchen zusammenkleben evtl. mit Klebestern-
chen schmücken.

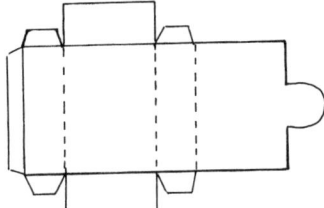

**Pause**

Essen und trinken: Heute hat jedes Kind einige Weihnachtsplätzchen
mitgebracht; die Tische werden mit Tannreis und selbstgebastelten
Sternen geschmückt.

**Andacht**

Abschlußandacht
Gespräch
Lied
Gebet:
*Guter Jesus,*
*wir haben uns auf den Weg gemacht.*
*Nun finden wir dich in einem Stall, in einer Krippe,*
*weil nirgends Platz für dich war.*
*Und es liegt an uns, dir einen Platz zu bereiten:*
*in uns selbst, in unserem Leben.*
*Guter Gott,*
*auf unserem Weg sind wir vielen Menschen begegnet,*
*die kein Zuhause haben.*
*Es liegt an uns, den Menschen zu helfen,*
*die abseits stehen und hilflos, krank oder hungrig sind.*
*Guter Gott,*
*es gibt Zeiten, da wird uns bewußt,*
*daß wir den Weg zu dir verpaßt haben.*
*dann müssen wir innehalten und uns neu orientieren.*
*Guter Jesus.,*
*seit deiner Geburt im Stall hat Gott für uns Gestalt*
*bekommen. Wir können und dürfen dir begegnen.*
*dann kannst du in uns Gestalt annehmen.*
*Und andere können an uns ein Stück weit ablesen,*
*was dein Geschenk für uns Menschen ist.*
Vaterunser
Segen

**DIESE UHR ZÄHLT DIE TAGE BIS WEIHNACHTEN**

Für die Kalenderuhr benötigen wir noch 22 weitere Strahlen, die täglich dazugeklebt werden können. Wir haben diesen Sonnenstern ganz groß ausgeschnitten und zu einer Andacht in die Mitte gelegt.

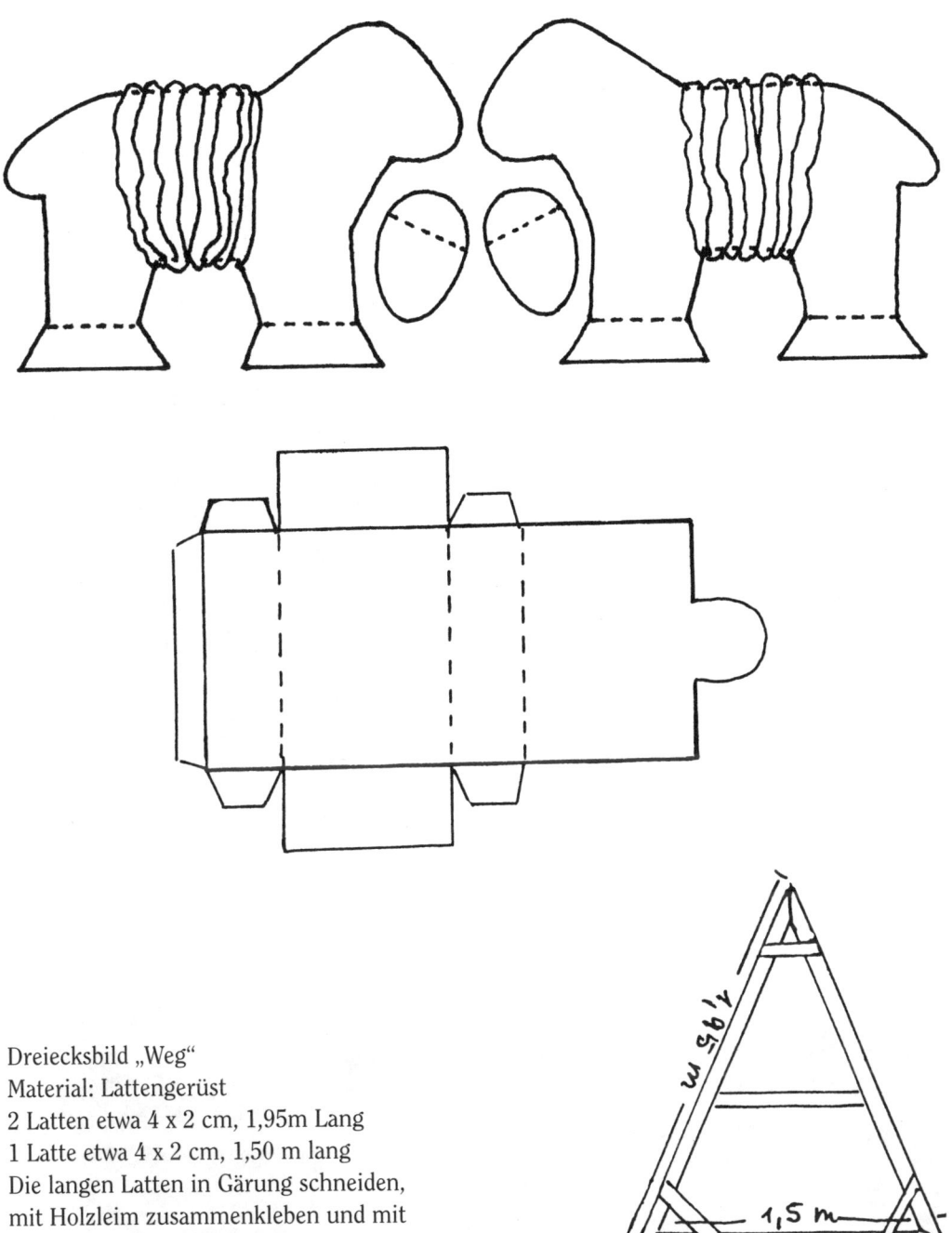

Dreiecksbild „Weg"
Material: Lattengerüst
2 Latten etwa 4 x 2 cm, 1,95m Lang
1 Latte etwa 4 x 2 cm, 1,50 m lang
Die langen Latten in Gärung schneiden,
mit Holzleim zusammenkleben und mit
drei kurzen Latten von hinten verstärken.

Das Lattengerüst wird mit Stoff (ältere Laken) bespannt. Der Stoff wird hinten angetackert. Es ist auch möglich, Packpapier oder große Pappen zu verwenden.

Wir haben den Weg und die Linien in dunklem Grün darauf gemalt. Wenn Stoff verwendet wird, sollte das bespannte Dreieck zuerst mit einer Wandfarbe grundiert werden.

Mit den Basteleien der Kinder geschmückt wird dieses Dreieck im Laufe der Zeit zum Christbaum.

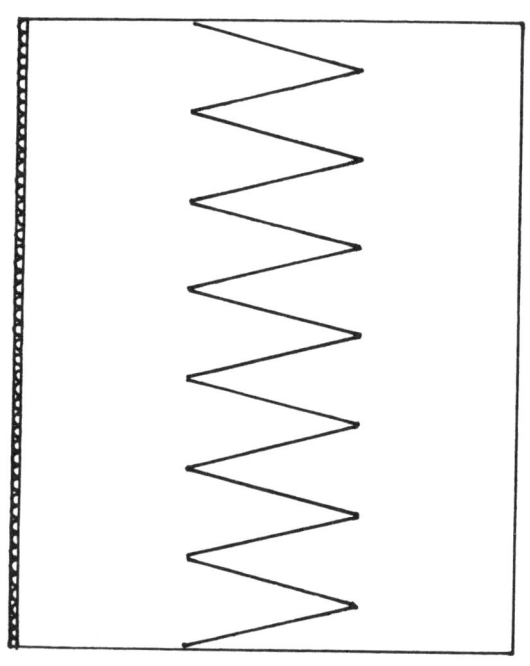

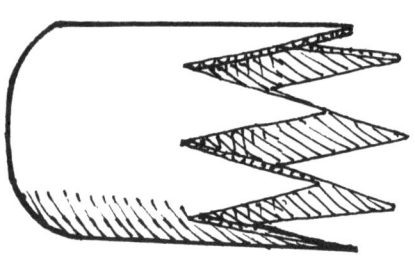

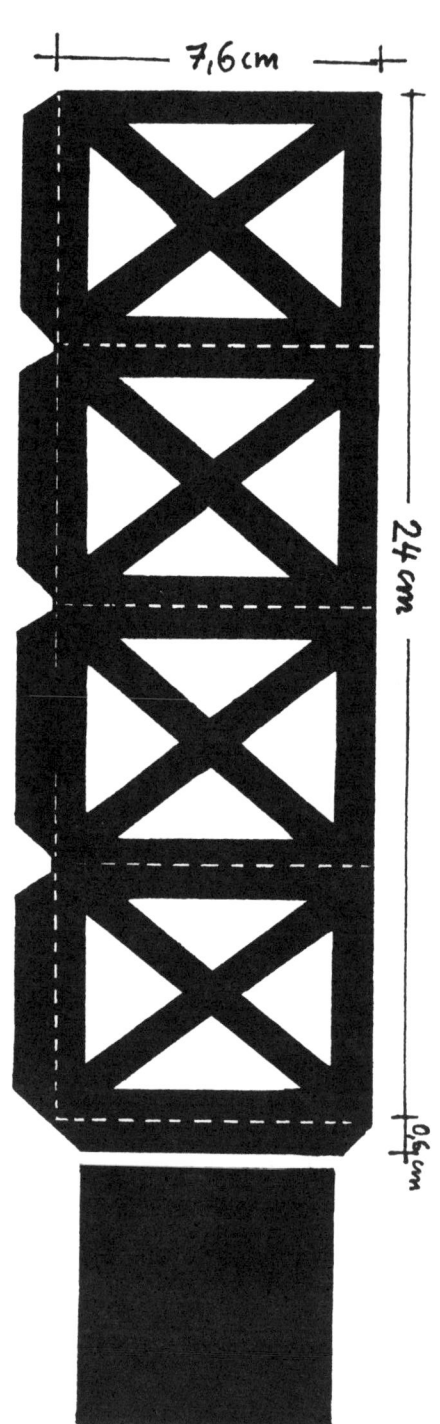

7,6 cm

24 cm

0,5 cm

KINDERAUSWEIS

(ALS PASSERSATZ)

Behörde / Authority / Autorité

Unterschrift / Signature / Sig

Liebe Kinder, diese Weihnachtskrippe ist unser heutiger Bastelvorschlag. Ihr Kleineren könnt sie ausmalen, dann die Seitenteile nach vorn klappen und aufstellen. Ihr Größeren schneidet alle weißen Flächen aus (z. B. mit der Nagelschere) und beklebt die Flächen von hinten mit buntem Transparentpapier. Schwierige Teile (Hände) könnt ihr auch ganz ausschneiden und die Finger anschließend auf das Transparentpapier zeichnen, stellt eine Kerze dahinter. Euer Kirchenfenster ist fertig.

95

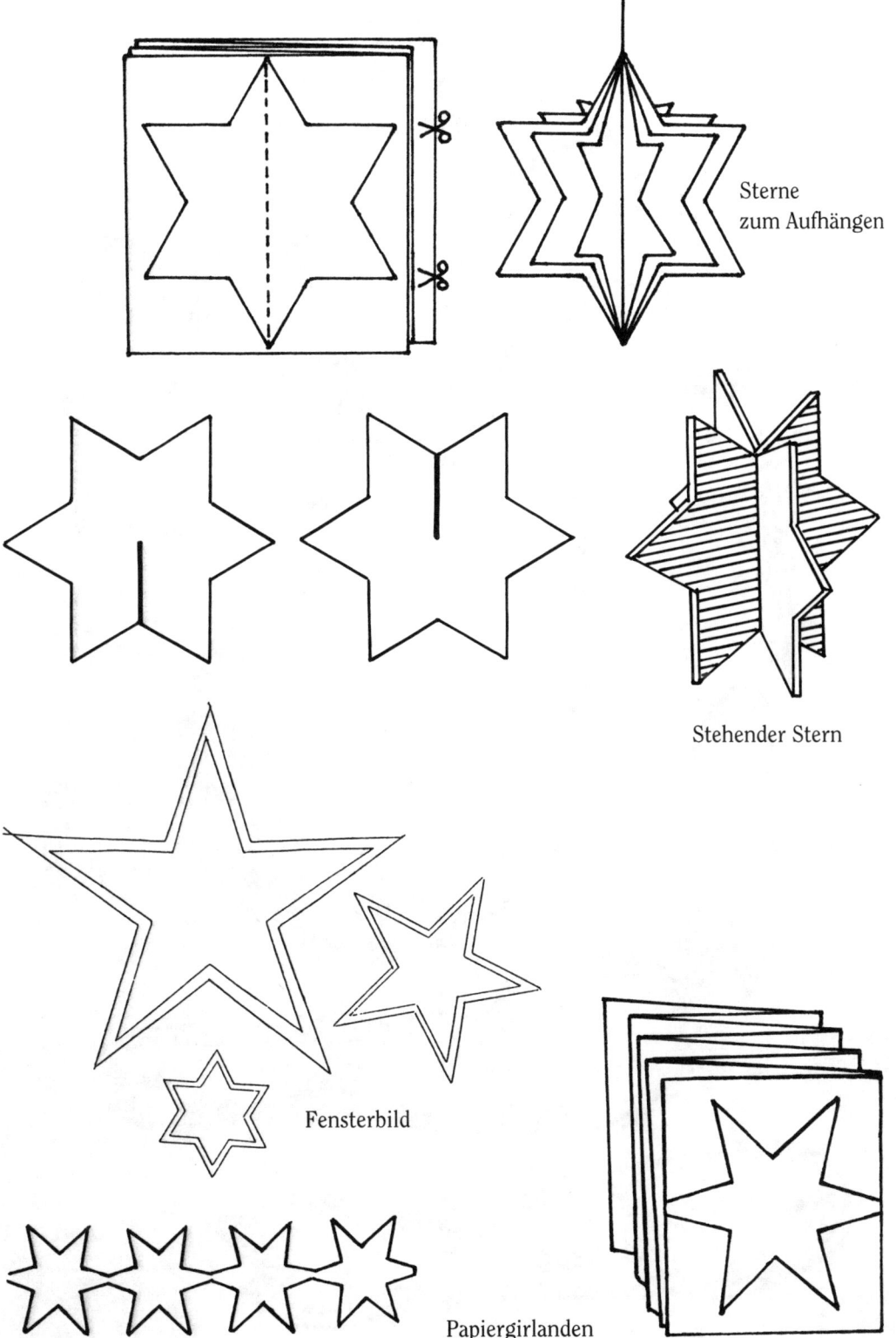

Sterne
zum Aufhängen

Stehender Stern

Fensterbild

Papiergirlanden

99

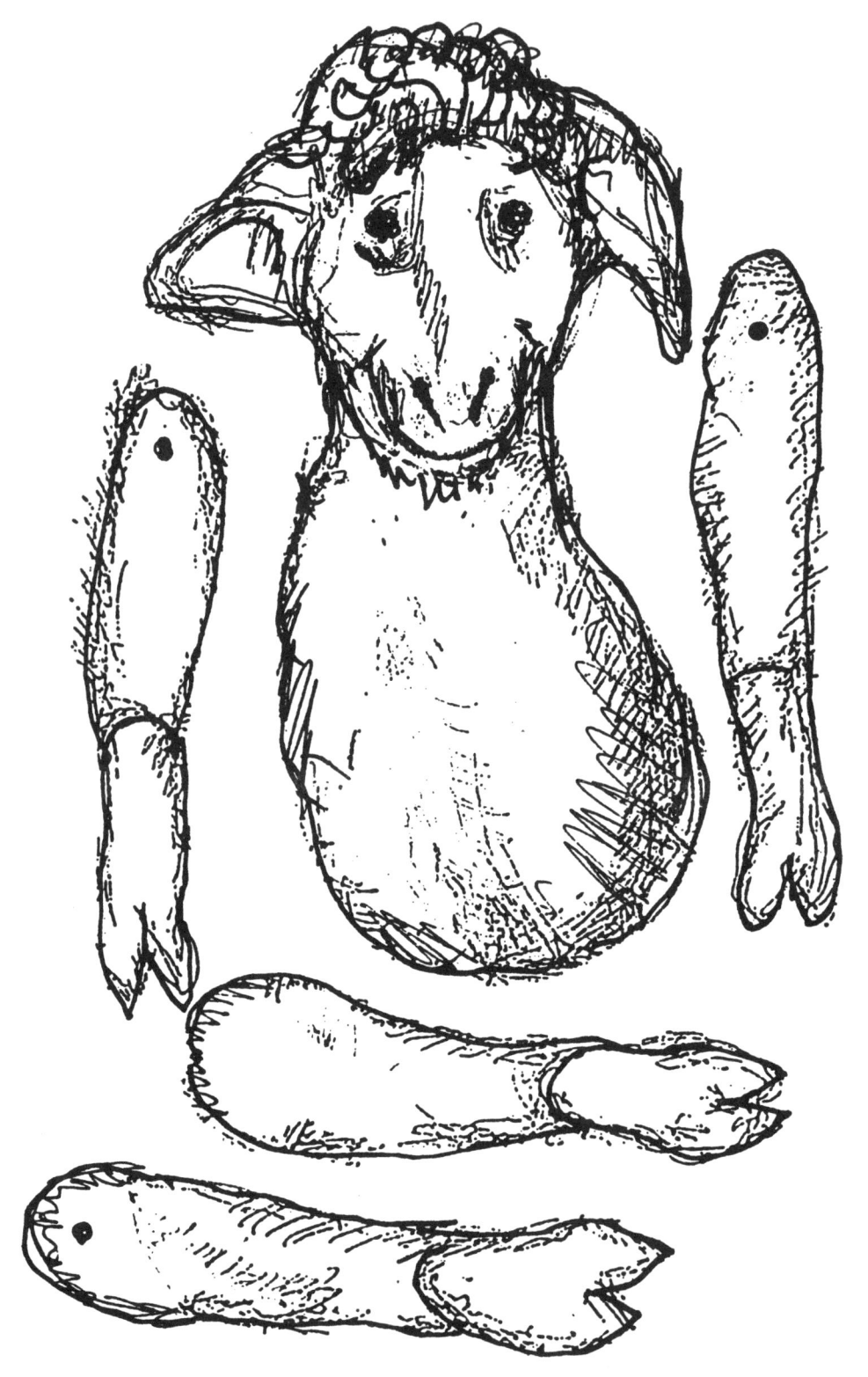

# STERNSTUNDEN FÜR KINDER

# UNTERWEGS ZUM LICHT

# STERNSTUNDEN Unterwegs zum Licht

 **1. Tag**
* Begrüßung mit Sternchen
* Austeilung der Liederhefte
* Lied
* Vorstellung der Betreuerinnen
* Namensschilder
* Blüten oder Sternstirnbänder Geschichte
* Spiel mit Namen
* Pause
* Lied von Barbara
* Liedkreis – Barbarazweige austeilen
* Basteln – noch mehr Blüten
* Andacht um den Kerzenbaum

 **2. Tag**
* Begrüßung mit Sternchen
* Lieder
* Nikolausvorbereitungen:
* Basteln: Nikolausäpfel, Duftapfelsinen gefärbte Nüsse
* Lied: Laßt uns froh und munter sein
* Gruppengespräch: was wißt Ihr vom Nikolaus?
* Nikolausgeschichte
* Lied
* Nikolaus kleidet sich an
* Lied
* Nikolaus verteilt kleine Päckchen
* Pause
* Liedkreis
* Andacht um den Kerzenbaum
* Vaterunser in Gesten
* Segen

 **3. Tag**
* Begrüßung
* Lied
* Gespräch: Strahlende Menschen
* Basteln: Faltsterne
* Pause
* Spiel
* Sterne aus Wellpappe als Teelichtleuchten
* Andacht um den Kerzenbaum
* Gebet
* Vaterunser – wir fassen uns an den Händen
* Segen

Vorbereitungen :

Liederhefte zusammenstellen, Namensschilder Blüten oder Sternstirnbänder mit Schablonen auf Tonpapier aufzeichnen,
1 Knäuel Wolle für Spiel mit Namen,
Getränke und Gebäck,
Kirschzweige besorgen,
Vase bereitstellen,
Kerzenbaum,
Adventsuhren

Vorbereitungen:

Äpfel, Weihnachtskerzen, kleine Tannenzweige, Apfelsinen und Nelken, Geschenkband, Nüsse, Holzspieße, Farbe, Bändchen, Ständer mit Nikolausbekleidung, Äpfel, Nüsse, Mandarine, Lebkuchen in Päckchen verpackt

Vorbereitungen:

dünnes farbiges Tonpapier oder Buntpapier für Faltsterne, Transparentpapier, Getränke und Gebäck, auf Wellpappe gezeichnete Sterne (pro Leuchter 2 Sterne), Teelichter, Kerzenbaum

 **4. Tag**
* Begrüßung
  Sternchen
* Lieder
* Gespräch: Wir hören von
  Kindern aus fernen Län-
  dern; sie leben anders
  als wir
* Postkarten gestalten
* Pause
* Spiel: Stille Post
* Geschichte
* Spiel: ein Stern wandert
* Andacht
* Erzählung
* Gebet
* Segen

 **5. Tag**
* Begrüßung
  Sternchen
* Lied Erzählung
* Überraschungsnüsse
  basteln
* Erzählung Fortsetzung
* Lied
* Pause
* Batiken mit Wachstropfen
* Lied
* Andacht
* Lied: Das wünsch ich sehr
* Vaterunser in Gesten
* Segen

 **6. Tag**
* Begrüßung
* Lied
* Gespräch. Ein
  Stern zeigte die Geburt
  von Jesus
* Weihnachtsstern als
  Fensterbild
* Wortspiel
* Pause
* Geschenkkästchen für
  Batik
* Wir malen ein
  Weihnachtsbild
* Sternkette ausschneiden
* Liedkreis
* Andacht mit Weihnachts-
  geschichte
* Gebet oder Vaterunser in
  Gesten
* Segen

Vorbereitungen:

Postkarten, kleine Kartof-
feln, Küchenmesser,
verschiedenfarbige Klebe-
plättchen, Briefpapier,
Getränke und Gebäck,
Dia-Serie von Medienstelle,
Strohstern,
Kerzenbaum

Vorbereitungen:

Auf Tonpapier gezeichnete
Sterne, Nußhälften, kleine
Zettelchen, Klebstoff,
Bändchen
Getränke und Gebäck,
Stoffstücke in Taschentuch-
größe (weiß), Folie als
Unterlage, Weihnachtsker-
zen, mehrere Plastikschalen
mit verschiedenfarbigen
Batikfarben, Wassereimer,
Kerzenbaum

Vorbereitungen:

Vorgezeichneter
Weihnachtsstern,
Gebäck und Getränke,
auf Tonpapier gezeichnetes
Geschenkkästchen,
vorgezeichnete Sterne für
Kette oder Anhänger,
Kerzenbaum

## 1. Tag

**Begrüßung mit Sternchen – Sternchen verteilt die Liederhefte**
**Die Kinder schreiben ihren Namen darauf**

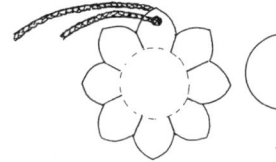
**Gemeinsames Singen**

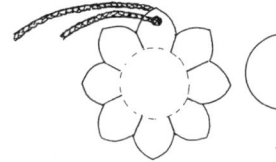
**Vorstellung**  der Betreuerinnen und Betreuer

**Namensschilder**  Blüten oder Sternstirnbänder
Die vorher mit Schablonen aufgezeichneten Blüten werden an die Kinder zum Ausschneiden und Beschriften ausgeteilt. Bei vorgesehenen Gruppenarbeiten können die Blüten in verschiedenen Farben (jeweils etwa die gleiche Zahl) hergestellt werden.

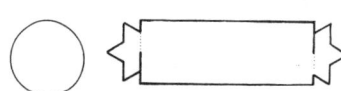

Bänder in Kopfweite verlängern, falls es zu weit ist, wird es mit einem Handtacker auf den Kopfumfang verkürzt. Kopiervorlage S. 34

Das Blüteninnere wird mit Namen versehen und in die Mitte der Blüte geklebt. Mit einer Kordel oder einem bunten Band kann man sich die Blüten um den Hals hängen.

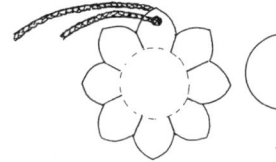
**Geschichte**  *„Die Legende vom Mädchen im Turm"*

*Es ist lang, lang her. Damals soll in Nikomedia, im fernen Morgenland, ein reicher Kaufmann gelebt haben. Sein Name war Dioskurus. Er lebte allein mit seiner schönen Tochter Barbara in einem prächtigen Haus. In eifersüchtiger Liebe war er seiner Tochter über alles zugetan. Niemand durfte mit Barbara reden, den er nicht selbst zugelassen hatte. Er bestimmte die Schriften, die sie lesen durfte, er stellte für sie Mahlzeiten zusammen, er kaufte ihre Kleider.*
*Eines Tages mußte der Kaufmann eine längere Geschäftsreise antreten. Wie immer, wenn er fortmußte, führte er Barbara in einen*

festen Turm. Nur sie und er besaßen einen Schlüssel für die Eisentür. Barbaras Wohnstube lag über den Dächern der Stadt, war bequem eingerichtet und hatte zwei Fenster.

„Barbara", sagte er, „ich bleibe diesmal ein wenig länger fort. In diesem Turm bist du sicher. Laß dir die Zeit nicht lang werden. Ich bringe etwas von meiner Reise mit, an dem du dein ganzes Leben lang Freude haben wirst."

„Was kann das sein, Vater?" fragte Barbara.

Aber Dioskurus lachte nur.

Wie immer es gewesen sein mag, jedenfalls drang durch die Mauern die Frohe Botschaft zu Barbara, von der Geburt und dem Leben des Christus, von seinen Reden und seinen Wundertaten, von seinem Leiden und Sterben, von Auferstehung und Himmelfahrt.

Sie ließ sich taufen. Immer wollte sie das Geheimnis der drei göttlichen Personen vor Augen haben: Vater, Sohn und Heiliger Geist.

„Vater, Sohn und Heiliger Geist haben Licht in mein Leben gebracht", sagte sie. „Deshalb will ich in meine Turmstube ein drittes Fenster brechen lassen. Die drei Fenster lassen Licht in mein Zimmer strömen. Die Dreizahl soll mich an den dreifaltigen Gott erinnern."

Nach langer, beschwerlicher Reise kehrte Dioskurus heim. Sein erster Weg führte ihn zu seinem Kind im hohen Turm. Vater und Tochter begrüßten einander herzlich.

Da fiel der Blick des Vaters auf das dritte Fenster. Er traute seinen Augen nicht. Drei Fenster in dieser Kammer? Hatte die Turmstube nicht zwei Fenster gehabt, solange er denken konnte?

„Wie kommt das dritte Fenster hierher"? fragte er streng. Da erzählte Barbara von Jesus, vom Vater und vom Heiligen Geist.

Dioskurus´ Gesicht verfinsterte sich. Hatte er nicht im fernen Rom davon gehört, daß der Kaiser alle diese Christen grausam umbringen ließ? Ja, daß sie sogar im Zirkus den Löwen zum Fraß vorgeworfen wurden?

Als ihm Barbara schließlich berichtete, daß auch sie Christin geworden sei, packte ihn die blinde Wut. Er schüttelte sie an den Schultern. Was noch niemals geschehen war, jetzt riß ihn sein Zorn hin. Er schrie sie an: „Hör auf mit dem dummen Gerede! Hast du vergessen, daß ich dir etwas mitbringen wollte? Du wirst den Mann heiraten, den ich für dich ausgesucht habe. Dann vergehen dir die albernen Flausen!" Er knallte die Tür hinter sich ins Schloß.

Sie wird sich meinen Wünschen beugen, dachte er. Wie bisher immer wird sie das tun, was ich will.

Seine Hoffnung war jedoch vergebens. Barbara konnte weder ihren Glauben aufgeben, noch wollte sie heiraten. Schließlich steckte sie der Vater in den untersten Keller des Turmes. Dort war es ganz finster. Ein Bündel Stroh in der Ecke diente als kalte Lagerstatt.

*Viele Wochen hielt der Vater sie so eingekerkert bei Wasser und Brot. Allmählich begannen die Leute zu reden. Da forderte er von ihr: „Laß ab von deinem Christus. Dann soll alles wieder so sein, wie es früher gewesen ist. Ich kaufe dir schöne Kleider und lasse für dich gute Speisen bereiten. Du wirst einen reichen jungen Mann heiraten. Du wirst ein Leben in Freuden führen." Doch sie weigerte sich. „Dann muß ich dich dem Richter übergeben. Du weißt doch, was dann mit dir geschieht?" Entschlossen und finster führte er aus, was er sich vorgenommen hatte. So brachte er sein eigenes Kind ins Stadtgefängnis. Der Kerker wechselte. Die Zellen blieben sich ähnlich: halbdunkel, dumpf, feucht und kalt.*

*Der Richter versuchte es mit schönen und harten Worten, mit Schmeicheleien und Drohungen. Schließlich übergab er sie den Folterknechten.*

*Doch Barbara ertrug mit Gottes Kraft und Hilfe alle Angst und Qual. Auf ihrem Weg in die Zelle verfing sich ein Zweiglein eines wilden Kirschbaumes in ihrem rauhen Gewand. Die Knechte rissen sie fort. Der Zweig brach ab. Sie stellte das winterdürre Reis in das trübe Licht des kleinen Fensters. Eine zerbrochene Tonschale fand sich in der Zelle. Täglich goß sie ein wenig von dem Wasser hinein, das der Wächter ihr zum Trank reichte. Da trieben Knospen hervor. Eines Tages sprangen sie auf. Zarte weiße Blüten sprossen mitten im Winter. „Ich dachte, du seist ein toter Zweig", sprach Barbara das Zweiglein an. „Aber aus dem toten Holz ist neues Leben gesprungen."*

*Lange schaute Barbara den Blütenzweig an. „Ich glaube, so wird es auch mit mir sein. Wenn sie mich töten, dann wird mein Tod das Tor zu einem neuen Leben."*

*An diesem Tag noch wurde sie vor den Henker geschleppt. Es heißt, der grausame Vater habe ihm das Schwert aus der Hand genommen und selber sein eigenes Kind umgebracht.*

*Die Kunde von der Treue des Mädchens Barbara sprach sich in aller Welt herum. Besonders die Bergleute dachten oft an sie, wenn sie im finsteren Schacht tief unter der Erde arbeiteten. Geraten sie in Gefahr, dann rufen die Bergleute: „Heilige Barbara, bitte führ uns!" Die Kinder aber brechen am Barbaratag, am 4. Dezember, winterharte Zweige von den Bäumen und stecken sie in Vasen oder Krüge. Und wer sein Zweiglein mit lauwarmem Wasser täglich gießt, der kann eine große Freude erleben. Zur Weihnachtszeit nämlich springen aus den Zweigen Blüten hervor. Kaum ein anders Zeichen weist so deutlich auf Christus hin, der tot war und zu neuem Leben auferstanden ist.*

Aus: Willi Fährmann, Und leuchtet wie die Sonne,
echter Verlag Würzburg, 4. Aufl. 1991

**Spiel**

Spiel mit Namen

Die Kinder sitzen im Kreis. Ein Kind hat einen Wollknäuel in der Hand. Es wirft diese Wolle einem anderen Kind zu und sagt dabei: Ich heiße Kathi. Wie heißt Du? Das Kind, das den Knäuel aufgefangen hat, erwidert: Du heißt Kathi, ich heiße Patrick; er wirft den Knäuel einem anderen Kind zu etc. Durch das Hin- und Herwerfen entsteht zwischen den Kindern ein Wollnetz. Ältere Kinder können versuchen, anschließend das Spiel rückwärts zu spielen, d. h. sie sagen: „Sie heißt Kathi, Ich heiße Patrick" - bis das Netz wieder auf den Knäuel aufgerollt ist.

**Pause**

Essen und trinken

**Lied**

*„Lied von Barbara"*

**Liedkreis**

Liedkreis

Barbarazweige austeilen. Ein großer Zweig wird in eine Vase gestellt.

**Basteln**

Noch einmal werden Blüten gebastelt und mit Namen versehen und um den Adventsbaum gelegt.

**Andacht**

Kurze Meditation (sich öffnen - Blüten öffnen sich )
Spielmöglichkeit:
*Knospen springen auf,*
*Blüten an den Zweigen*
Wir halten ganz behutsam zwischen unseren Händen eingebettet die kleine Knospe. Wir öffnen die Hände leicht, so daß sie wie Blütenblätter aussehen.
*blühen in der Winternacht.*
*Neues Leben ist erwacht.*
Unsere Hände öffnen sich immer weiter, mit beiden Händen bilden wir über uns eine große Blüte.
*Gott will durch sein Kind*
*seine Liebe zeigen.*
Wir öffnen unsere Hände, so daß wir sie unseren linken und rechten Nachbarn reichen können.
Meditation von Rolf Krenzer, © Rolf Krenzer
Vaterunser
Segen
Adventsuhren werden den Kindern zum Schluß mitgegeben

STERNSTUNDEN
UNTERWEGS
ZUM LICHT       Adventskalender

DIESE UHR ZÄHLT DIE TAGE BIS WEIHNACHTEN

# 2. Tag

**Begrüßung mit Sternchen**

**Gemeinsames Singen**

Vorbereitung auf den Besuch des Nikolaus

**Basteln**

Nikolausäpfel, Duftapfelsinen und bemalte Nüsse werden gruppenweise vorbereitet.

Pro Kind werden 1 Apfel, eine Weihnachtskerze und ein kleines Tannreis ausgeteilt.

Der Stiel des Apfels wird entfernt. Mit einem Apfelbohrer oder einem Schälmesser wird in jeden Apfel eine runde Öffnung gebohrt, in die dann zuerst die Kerze und anschließend das Tannreis gesteckt werden. Bitte aufpassen, daß das Reis nicht bis zur Flamme reicht.

Duftapfelsinen

Jedem Kind wird eine Apfelsine ausgeteilt, die mit Nelken besteckt werden soll. Mit etwas Geduld können auch Muster gesteckt werden. Zum Schluß kann man mit einer Korbnadel oder Häkelnadel durch die Mitte eine dünne Kordel oder ein Band ziehen und die Apfelsine zu Hause aufhängen. Die Duftapfelsinen verströmen einen angenehmen, weihnachtlichen Duft.

Gefärbte Nüsse

Die Nüsse können auf einen Holzspieß gesteckt werden und mit einer lösungsmittelfreien Farbe (ohne Treibgas) besprüht werden. Nach dem Trocknen wird ein Band befestigt.

**Lied**

*„Laßt uns froh und munter sein"*

Gruppengespräch: Was wißt ihr vom Nikolaus? – Gemeinsam mit den Kindern erzählen und ergänzen wir Nikolauslegenden.

Während der laufenden Gruppengespräche kann ein Ständer mit Nikolausgewändern aufgebaut werden (mitten im Saal).

**Geschichte**

*„Wie Sankt Nikolaus einem Menschen ein neues Herz gegeben hat"*
Neu erzählt von Willi Fährmann

*Es lebte einst in Myra ein wohlhabender Kaufmann. Obwohl es ihm gutging, war er nicht zufrieden mit dem, was er besaß. Man weiß ja, oft ist es so, je mehr einer hat, um so mehr will er zusammenscharren. Eines Tages begegnete ihm der Teufel. Der bot dem Kaufmann an, ihn über alle Maßen reich zu machen. Das einzige, was er dafür tun müsse, sei, ihm sein Herz zu geben. Er, der Teufel, versprach ihm statt dessen ein Herz aus Stein. „Denn so ein steinernes Herz mußt du haben, wenn du unermeßlich reich werden willst", schloß er seine Rede.*
*Der Kaufmann willigte ein. Von nun an war sein ganzes Denken und Sinnen darauf gerichtet, seinen Reichtum zu mehren und Schätze aufzuhäufen. Er verlieh oft Geld zu Wucherzinsen an Menschen, die in Not geraten waren, und trieb ihre Schulden nach der vereinbarten Zeit mit aller Härte ein. Er scherte sich nicht darum, wenn die Menschen Haus und Hof verloren und den Bettelstab nehmen mußten. Es kam, wie der Teufel versprochen hatte, der Kaufmann wurde bald der reichste Mensch weit und breit.*
*Aber die Zahl seiner Feinde wuchs. Schließlich scheute sich jeder, mit diesem Menschen etwas zu tun zu haben. Sie gingen ihm aus dem Wege. Der Kaufmann verlor selbst seine besten Freunde und wurde sehr einsam. Er spürte, daß Geld und Gut in einem Menschenleben längst nicht alles ist, und das steinerne Herz lag ihm schwer in der Brust. Traurig lief er durch die Straßen. Da begegnete ihm der heilige Nikolaus.*
*„Was bedrückt dich, Bruder?" fragte er den Kaufmann. Der erzählte ihm sein Leid.*
*„Es gibt eine einfache Medizin, die dich heilen kann", sagte Nikolaus. „Aber wie manche gute Medizin wird sie dir bitter schmecken."*
*„Ich würde dir für eine solche Medizin geben, was immer du verlangst", versprach der Kaufmann eifrig.*
*„Ich, mein Lieber", sagte Nikolaus, „ich brauche nichts von dir. Aber geh zu den Armen, zu den Kranken, zu denen, die kein Haus haben und in Not sind. Gib denen von deinem Überfluß und lindere ihre Leiden. Dann wird dein steinernes Herz mehr und mehr schmelzen."*
*Es fiel dem Kaufmann zunächst schwer, dem Rat des Heiligen zu fol-*

gen. Aber dann versuchter er es, erst heimlich und bei Nacht. Er schlich sich zu den Häusern der Armen und legte ihnen einige Geldstücke vor die Haustür. Er gab denen, die keine warme Kleidung besaßen, von seinen eigenen Kleidern etwas ab. Wer Hunger leiden mußte, der fand einen Korb mit Brot und Fleisch vor seinem Haus; ja er ließ kleine Häuser bauen und überließ sie armen Familien mit Kindern, ohne einen Mietzins von ihnen zu verlangen. Sogar ein Haus für die Kranken stiftete er. Bald schon hatten die Leute in Myra den erkannt, der vielen eine Hilfe wurde. Von Mal zu Mal fiel es dem Kaufmann leichter, sich von seinen Schätzen zu trennen. Er spürte, wie es ihm wärmer ums Herz wurde. Als er all seinen Reichtum weggegeben hatte, war auch sein steinernes Herz verschwunden, und ein Menschenherz schlug wieder in seiner Brust.

Nun dachte der Kaufmann voller Furcht, ich habe nichts mehr, was ich weggeben kann. Bald wird mich keiner mehr lieben. Aber es kam ganz anders. Er wurde oft eingeladen, ja, sogar die Armen teilten ihr Brot mit ihm, und er hatte viele Freunde in der Stadt.

Als er in Frieden starb, ging jeder, der laufen konnte, mit seinem Leichenzug, und tausend Zungen lobten seine guten Taten. Bischof Nikolaus hielt ihm die letzte Predigt und sagte, er wisse sicher, daß diesem Mann die Himmelstür offenstehe; denn Jesus selbst habe es ja gesagt: Was ihr dem geringsten meiner Brüder und Schwestern tut, das habt ihr mir getan.

© Willi Fährmann

| **Gemeinsames Singen** | Sei gegrüßt, lieber Nikolaus |

| **Nikolaus** | Ein Vater oder Priester zieht sich inmitten der Kinder um. Bei jedem Kleidungsstück erklärt er die Bedeutung. Jetzt ist der Nikolaus hier; er begrüßt die Kinder und erzählt aus „seinem" Leben zu „seiner" Zeit damals. Natürlich kann auch eine Diaserie eingesetzt werden. Trotzdem sollte der Nikolaus selbst auch ins Gespräch kommen. Der Nikolaus ist kein strafender, böser Mann. Die Kinder sollen spüren, daß Nikolaus, der sich zeit seines Lebens um die Sorgen und Nöte seiner Mitmenschen sorgte – ein Mensch war, dessen Liebe bis in unsere Zeit strahlt – ein Heiliger. |

| **Gemeinsames Singen** | |

Der Nikolaus verteilt kleine Päckchen, die vorher von den Betreuerinnen gepackt wurden.

Apfel, Nüsse, Mandarine und Lebkuchen wurden bei uns in kleine selbstgenähte Stoffbeutel gesteckt. Ein goldenes oder rotes Band und ein kleines Tannreis zum Schmuck verwandeln die Beutel in Nikolaussäckchen. Natürlich können auch Servietten als Verpackung verwendet werden. Aus Schreibmaschinenpapier kann man auch folgende Tüten falten:

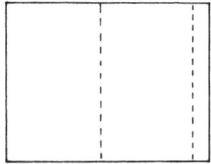  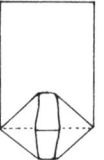 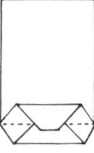

Weil heute Nikolausfeier ist, decken wir die Tische besonders festlich. Dazu verwenden wir Tannreis, die Blüten und den hergestellten Schmuck.

Lieder nach Wunsch

Andacht um den Kerzenbaum
Vaterunser in Gesten
Segen

## 3. Tag

**Begrüßung mit Sternchen**

Lied

Lied

Gespräch

Habt ihr euch abends den Sternenhimmel mal angeschaut? Es strahlt und glitzert und funkelt überall, Hunderte, Tausende ja Millionen von Sternen blinken und strahlen da oben und blinken euch zu.

Am besten kann man uns Sterne sehen, wenn man außerhalb einer Stadt zum Himmel schaut. Denn hier unten bei euch, strahlt es ja auch überall. Aber von den Schaufenstern und Lichtreklamen will ich gar nicht erzählen. Das habt ihr ja schon alles gesehen.

Ihr habt auch schon gehört, daß liebe Manschen besonders strahlen, und man kann eigentlich sagen: „Immer, wenn jemand etwas Gutes tut, geht ein Licht an – strahlt ein neuer Stern am Himmel."

Kennt ihr solche Menschen in eurer Umgebung, die anderen Menschen helfen, anderen Menschen Freude machen?

Klar kennt ihr die – eure Mama und eurem Papa.

Ihr kennt noch mehr – ihr selbst könnt auch solche Freudenbringer sein. Im Kindergarten werdet ihr morgens schon von euren Freunden und Freundinnen freudig erwartet. Ihr malt ein Bild für eure Großeltern etc. Ihr könnt sogar schon helfen zu Hause. Dann strahlt eure Mama. Wir wollen mal gemeinsam überlegen, es gibt so viele Menschen, die leben, um anderen zu helfen:

z. B. die Ärzte und Zahnärzte, die Krankenschwestern, die Hebammen, die Polizisten, die Priester, die Nonnen, die Handwerker, die Bauarbeiter, die Lehrerinnen und Lehrer, die Erzieherinnen und Erzieher usw. Wenn wir lange überlegen, fallen uns noch viel mehr ein.

So einen Sternenhimmel wollen wir jetzt basteln und an die Fenster kleben.

Basteln

Faltsterne – Transparentsterne.
Für die Faltsterne wählten wir dünnes farbiges Tonpapier, das wir schon vor der Sternstunde in verschieden große Quadrate schnitten. Das Papier wird auf die Hälfte, dann auf ein Viertel und schließlich auf

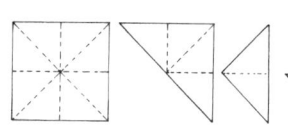

ein Achtel gefaltet. Von allen Seiten können nun Muster eingeschnitten werden. Der Stern wird vorsichtig auseinandergefaltet und mit Transparentpapier hinterklebt. Es sieht auch mit mehreren Farben sehr gut aus. Bei dieser Bastelei sind Klebestifte zu empfehlen.

 Die fertigen Sterne mit Namen beschriften, damit jeder später seinen Stern wiederfinden kann. Sicher freuen sich alle über diesen Sternenhimmel und wollen nicht aufhören mit falten und kleben.

Natürlich werden jetzt auch noch Sterne als Geschenk gebastelt.

**Pause**

Essen und trinken

**Spiel**

Spiel

**Basteln**

Sterne aus Wellpappe als Teelichtleuchten
Jedes Kind erhält zwei auf Wellpappe vorgezeichnete Sterne zum Ausschneiden. Beim Ausschneiden des inneren Kreises gibt es Schwierigkeiten mit Kinderscheren. Deshalb könnten die Betreuerinnen vor der Sternstunde die Kreise einschneiden.

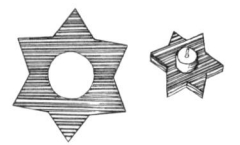

Nachdem beide Sterne ausgeschnitten sind, werden sie mit der glatten Seite aneinandergeklebt. Damit das Teelicht unten nicht rausfällt, kann auf die Unterseite des Sterns ein Stück Klebeband geklebt werden (Packband). Jetzt das Teelicht in die Öffnung setzen.

**Andacht**

Die Teelichtsterne werden um den Kerzenbaum gestellt. In einer kurzen Meditation denken wir an die Menschen, die unser Leben erhellen.
Gebet:
*Lieber Gott*
*Überall gibt es Menschen, die Gutes tun:*
*Sie leisten Widerstand gegen Armut, Hunger und Tod.*
*Sie treten ein für Gerechtigkeit und Frieden.*
*Wir haben von solchen Menschen gehört, die deinen*
*Weg der Liebe gehen.*
*Sie erhellen unser Leben.*
*Wenn wir aufpassen, sehen wir solche Menschen*
*auf dem Weg zu deinem Licht.*
*Ich kann mich ihnen anschließen;*
*auch ich kann den Menschen Licht bringen.*
*Hilf mir dabei, Lichtbringer zu sein.*
Vaterunser
Segen

# 4. Tag

**Sternchen begrüßt**

Gemeinsames Singen

**Gespräch**

Immer wieder hören wir von Kindern in der „Einen Welt", die obwohl sie oftmals wenig zu essen und zu trinken haben, trotzdem strahlen. Sie freuen sich riesig über ein Stückchen Brot, sie freuen sich über freundliche Worte und bestimmt freuen sie sich über Post aus Europa. Sollen wir für solche Kinder heute Postkarten malen, einen Brief schreiben und hinschicken? Ja, denn mal los.

**Postkarte**

Jedes Kind erhält eine weiße Postkarte und gestaltet die Vorderseite. In verschiedenen Tischgruppen gibt es unterschiedliche Gestaltungsangebote.

Kartoffelstempeldruck:
Kleine Kartoffeln halbieren; auf die Schnittfläche mit einem Küchenmesser verschiedene, einfache Motive (Dreieck, Quadrat, Stern, Kreis etc. einschneiden.

Zeichnen und Malen: Die Kinder malen etwas aus ihrem Leben, aus der Sternstunde etc. frei nach Wunsch und ohne Vorlagen.

Klebepapier - Postkarten
Viele verschiedenfarbige Klebeplättchen (Bastelgeschäft) werden von den Kindern zu Ornamenten oder Bildern geklebt.
Der gemeinsame Brief kann in jeder Tischgruppe geschrieben werden. Jedes Kind darf seinen Satz darauf schreiben; kleinere Kinder diktieren, was in dem Brief stehen soll.

„Stille Post"

Essen und trinken

Eine Diaserie aus Bolivien oder eine Geschichte.

*„Schilderung: Wir wohnen in einer Lehmhütte"*

*Unsere Lehmhütte hat zwei Räume. In dem einen schlafen meine Eltern und meine drei jüngsten Geschwister. In dem Raum steht auch ein Bett. In unserem Zimmer gibt es kein Bett. Wir sechs größeren Kinder haben jeder ein Tuch, in das wir uns einwickeln. Dann schlafen wir auf der Erde. Wenn es sehr heiß ist, ist es auf dem Boden schön kühl. Aber im Juni und Juli frieren wir oft in der Nacht, weil wir keine Wolldecke haben. Letztes Jahr erkältete sich mein jüngerer Bruder und bekam eine Lungenentzündung. Es hat lange gedauert, bis er wieder gesund war.*
*Der schönste Platz bei uns ist vor dem Haus. Dort spielen wir miteinander, wenn wir keine Schule haben. Wir schreiben in den Sand, machen Löcher in den Boden und werfen unsere Steine hinein. Dieses Spiel habe ich gern. Wenn wir ein Seil haben, springen wir damit. Jeder will es am besten können. Bisher ist meine Schwester immer Siegerin.*
*Meine Mutter kocht auch vor dem Haus. Sie hat eine große Pfanne für Maisbrei und Reis und dann noch eine für Tee. Mutter gibt sich viel Mühe, gut zu kochen, denn besonders der Vater hat Hunger, wenn er von der Arbeit nach Hause kommt. Meine kleine Schwester freut sich auch immer, wenn Vater heimkommt, denn dann gibt es Essen. Wir helfen der Mutter bei den Vorbereitungen. Wir stampfen den Reis. Das heißt in unserer Sprache: Kutwanga. Zum Kochen brauchen wir meistens Holz. Wir suchen es in der Nähe unseres Dorfes und tragen es auf dem Kopf nach Hause. Mutter freut sich immer, wenn wir viel Holz bringen. Manchmal kochen wir auch mit Holzkohle. Das ist aber sehr teuer. Zum Glück haben wir das Wasser in der Nähe. Der Bach ist nicht weit weg. Dort schöpfen wir Wasser und tragen den Kessel auf dem Kopf nach Hause zurück. Wenn wir das Wasser trinken wollen, sollen wir es zuerst kochen, damit wir nicht krank werden. Aber manchmal habe ich zuviel Durst und trinke einfach.*
*Meine jüngere Schwester Agnella ist in der gleichen Klasse wie ich. Mein Vater konnte mich nicht früher in die Schule schicken, da er keine Arbeit hatte und das Schulgeld nicht bezahlen konnte.*
*Heute arbeitet Vater im Spital Muhimbili, Dar-es-Salaam. Aber oft reicht das Geld nicht aus für uns alle. Wir sind froh, daß wir ein wenig*

in unserem Garten anpflanzen können: Bohnen, Spinat und Süßkartoffeln. Mehr wächst hier an der Küste nicht, denn der Boden ist sehr sandig. Oft ist es auch viel zu heiß, und die Pflanzen vertrocknen. Manchmal darf ich auf den Markt gehen, um einzukaufen. Dort gibt es allerlei Früchte und Gemüse. Wenn wir essen, sitzen wir gern vor dem Haus auf dem Boden. Unsere Nachbarn machen es auch so. Dieses Jahr hat es stark geregnet. Unser Lehmhaus wurde aufgeweicht und ist fast eingestürzt. Wir mußten sofort mit Lehm nachhelfen. Wir danken Gott für alles, was wir haben.

Victoria, Msimbazi/Tansania

oder

*„Brief: Hallo Amigos!"*

*Ich heiße Pablo und wohne in El Salvador. Das liegt in Mittelamerika. Sicherlich habt ihr in der letzten Zeit in der Zeitung, im Radio oder im Fernsehen viel über dieses Land gehört. Nur leider nichts Gutes. Unruhen, Schießereien, Entführungen, Bürgerkriege und Ermordungen sind an der Tagesordnung. Leider ist es wirklich so, daß in El Salvador viele Menschen umgebracht worden sind, z. B. mein Freund Nelson Lemos. Und auch Rutillo Grande, der Pfarrer unseres Dorfes El Paisnal, ganz nahe bei unserer Hauptstadt. Sie heißt San Salvador.*
*Soll ich euch kurz erzählen, wie das bei uns so ist? Meine Heimat El Salvador ist ein kleines Land. Die meisten Menschen leben von der Landwirtschaft. Auf den Feldern werden Kaffee, Baumwolle, Zuckerrohr, Mais und Bohnen angepflanzt. Mais und Bohnen essen wir jeden Tag. Der Mais ist besonders wichtig. Leider gibt es nicht genug Mais, und andere Lebensmittel erst recht nicht. Die Campesinos (Kleinbauern und Feldarbeiter) hungern oder sind schlecht ernährt. Besonders die Kinder sind schlimm dran. Warum das so ist?*
*Weil auf den besten und größten Feldern Kaffee, Baumwolle und Zuckerrohr angebaut werden. Das aber wird ins Ausland verkauft, nach Europa und Nordamerika. Für die Ernährung unserer Landsleute, die nicht so viel einbringt, bleiben nur die schlechten Felder. Außerdem gehören die guten Felder den Großgrundbesitzern. Das ist fast das gesamte Land. Es gibt 14 besonders reiche Familien, mit viel Geld und Ländereien. Und mächtig sind die auch. Vielen Campesinos gehört nichts. Oder sie haben zu wenig Land, um davon sich und ihre Familie zu ernähren. Deshalb müssen diese Campesinos bei den Großgrundbesitzern auf den Feldern arbeiten. Aber sie verdienen bitter wenig.*
*Früher haben wir immer gedacht, das sei von Gott so gewollt. Aber heute wissen wir, das dies nicht so ist. Es ist ungerecht, daß die*

*Campesinos so leben müssen. Pater Rutillo Grande hat sich für die Campesinos eingesetzt. Immer hat er für die Armen und ihre Rechte gesprochen. Er wollte, daß auch die Campesinos Land bekämen. Er hat ihnen geholfen, sich zusammenzuschließen, damit sie gemeinsam arbeiten und sich gegenseitig helfen. Als er eines Tages mit dem Jeep auf dem Weg zum Gottesdienst war, haben ihn Männer mit Maschinenpistolen erschossen. Immer mehr Menschen sterben, weil die Mächtigen ihre Macht und ihren Reichtum nicht mit den Armen teilen wollen. Sie lassen Soldaten und bewaffnete Mörder auf das Volk schießen.*

*Nun beginnen die Armen für ihr Recht zu kämpfen. Und viele greifen dabei zum Gewehr. Dieser Kampf wird erst aufhören, wenn es gerechter zugeht im Land. Es ist fast ein Teufelskreis der Gewalt.*

*Die Kirche hilft uns Campesinos. Sie gibt uns immer wieder neue Hoffnung auf Gott. Wir müssen lernen, richtig auf Gott zu vertrauen. Wir danken Gott für sein Wort, das uns aufrichtet und Mut macht, und bitten ihn um die versprochene Rettung. Wir wollen keine Gewalt, keine Schießereien und keine Bürgerkriege.*

*Wir hoffen, daß wir als Gewaltlose zu unserem Recht kommen. Wir hoffen auf Kraft, bis dahin durchzuhalten. Wir beten darum, daß es einen gewaltlosen Weg gibt.*

(Fundort unbekannt)

**Spiel**

Ein Stern wandert
Bei leiser Musik sitzen die Kinder eng im Kreis beieinander. Ihre Hände haben sie auf dem Rücken. Ein Kind steht im Kreis. Es soll entdecken, bei welchem Kind sich der Stern befindet. Unauffällig geben die Kinder den Stern weiter – er darf in beiden Richtungen weitergereicht werden. Wurde der Stern gefunden, wechselt das Kind in der Mitte den Platz mit dem Sternhalter.

**Andacht**

Andacht mit dem Kerzenbaum
Erzählung von Menschen, die den Kindern in der einen Welt das Leben erhellen oder 2. abgedruckte Geschichte.
Gebet
Vaterunser
Segen

## 5. Tag

**Begrüßung Sternchen**

Gemeinsames Singen

**Geschichte**

Anna, ein kleines Mädchen feierte ihren 7. Geburtstag im Advent. Schon tagelang wartete sie auf diesen Tag. Sie hatte Freundinnen und Freunde eingeladen und freute sich riesig darauf, mit ihnen zu spielen und zu feiern.

Sie hatte sich ausgedacht, auch mit ihnen zu basteln. Überraschungsnüsse sollten es sein, in die jedes Kind ein Zettelchen stecken würde. Auf den kleinen Zettel sollten ihre Freunde schreiben, wem sie in der kommenden Zeit eine Freude machen wollten. Die Nuß sollte sie immer daran erinnern, wenn sie sie sahen.

**Basteln**

Überraschungsnüsse
Nüsse werden in zwei Teile geteilt. Der Inhalt darf gegessen werden. Ein vorher auf Tonpapier gezeichneter Stern wird ausgeschnitten, in die Mitte wird eine Nußhälfte gelegt und mit einem Stift umfahren. Diese aufgezeichnete Nuß wird etwas kleiner ausgeschnitten, eine Nußhälfte darauf geklebt. In diese Sternnußhälfte legen wir unsere aufgeschriebenen Überraschungsideen.
Die Überraschungsvorsätze werden auf kleine Zettel geschrieben oder gezeichnet, die Zettel werden ganz klein zusammengefaltet und in die Nußhälfte gesteckt. Dann wird die Nuß zugeklebt. Die Kinder ziehen ein Band durch eine Sternzacke, schreiben ihren Namen auf den Stern und hängen ihn an den Kerzenbaum.

Ihre Mama hatte ihr kürzlich eine Geschichte erzählt von dem kleinen Mädchen und der Wunschnuß. Da war sie auf die Bastelidee gekommen. Diese Geschichte will ich euch jetzt auch erzählen:

*Ein kleines Mädchen hatte sehr viele Wünsche, jeden Tag fielen ihr neue Sachen ein, die sie sich wünschen könnte. Sie hatte viele Spielsachen, und zu essen gab es auch genug; trotzdem hatte sie noch viele Wünsche.*

*Da bekam sie eines Tages von ihrer Oma eine Nuß geschenkt. „Das ist eine ganz besondere Nuß – eine Wunschnuß", sagte die Großmutter. „Du hast drei Wünsche frei, aber überleg dir gut, was du dir wünschen willst. Manches kann man sich auch selbst erfüllen, wenn man sich etwas anstrengt." Sofie war ganz begeistert, drei Wünsche, die hatte sie schnell beisammen. Sie solle sorgsam damit umgehen, hatte Oma gesagt. Also zuerst mal überlegen.*

*Einstweilen konnte sie ja mal ein Puzzle legen. In ihrem Zimmer sah es schrecklich aus – überall lag Spielzeug herum, und sie konnte nicht alle Puzzleteile finden. Beinahe hätte sie sich gewünscht, das Zimmer sei aufgeräumt. Aber nein, das konnte sie doch selbst tun. Und so fing sie an aufzuräumen und alles an seinen Platz zu legen. Das machte sogar Spaß. Ihre Mama war ganz überrascht, als sie ins Zimmer kam. „Das macht die Wunschnuß", murmelte Sofie. Sie hatte ihren Wunsch gespart. Am anderen Tag in der Schule bekam sie ihre Klassenarbeit zurück. „Deine Schrift ist nicht sehr leserlich", meinte die Lehrerin. „Du könntest schöner schreiben." „Ich glaube, das könnte ich mir wünschen, eine schönere Schrift", überlegte Sofie. Doch nein, sie sollte ja sorgsam mit ihren Wünschen umgehen. So versuchte Sofie am Nachmittag, besser und schöner zu schreiben. Und sie konnte es sogar. Mama wunderte sich, als sie die Hausaufgaben nachsah. „Du schreibst jetzt richtig schön, das gefällt mir gut", meinte sie, und Sofie murmelte verlegen etwas von der Wunschnuß.*

*Auch am nächsten Tag gab es Überraschungen für die Mutter. Sofie bat ihre Mutter, mit ihr und den Geschwistern zu spielen. „Nachher", meint die Mutter, „wenn ich mit dem Abwasch fertig bin." „Wunschnuß", dachte Sofie, sofort könnte Mama mit ihnen spielen. „Wie wäre es denn, wenn wir das alle zusammen machten?", fragte Sofie ihre Geschwister. Und schnell war alles getan und Mama hatte Zeit. Sofie fühlte die Wunschnuß in ihrer Hosentasche. Die hatte wirklich eine große Zauberkraft. Sie nahm sich vor, weiterhin sorgsam mit ihren Wünschen umzugehen.*

Essen und trinken

**Basteln**

Batiken mit Wachstropfen (Tischgruppenarbeit)
Jedes Kind bekommt ein Stück Stoff in Taschentuchgröße, ein Stück
Folie oder Zeitung zum Unterlegen und eine brennende Weihnachts-
kerze. (Bei dieser Arbeit werden mehrere Betreuer benötigt)
Vorsichtig tropfen die Kinder ein Muster aus Wachstropfen auf ihren
Stoff. Manche Kinder ziehen es vor, mit Bleistiftpunkten vorher ihr
Muster zu markieren. Die so vorbereiteten Stoffe werden nun mehrere Minuten in ein Farbbad getaucht, es ist empfehlenswert, die Stoffe
leicht hin- und herzubewegen. Die Kinder werden staunen, wenn ihr
Werk wieder aus der Farbe auftaucht. Die farbigen Stoffe werden aus-
gespült, bis das Wasser klar bleibt und dann zum Trocknen aufgehängt. Zwischen mehreren Zeitungspapierlagen wird das Wachs aus-
gebügelt. Die Batiken können verschenkt werden.

**Gemeinsames Singen**

**Andacht**

Andacht um den Kerzenbaum
Mit jeder Kerze, die angezündet wird, dürfen sich die Kinder
etwas wünschen
Lied: *„Das wünsch ich mir sehr"*
Vaterunser in Gesten
Segen

**6. Tag**

### Begrüßung

**Tanzlied**

Mache dich auf und werde Licht

Mache dich auf und wer - de Licht, mache dich auf und werde Licht, mache dich auf und werde Licht, denn dein Licht kommt.

Alle stehen in zwei bis vier Kreisen im Raum verteilt.

Takt 1-2: Acht Schritte rechts herum (rechts beginnt): rechts seit links kreuzt vorne, rechts seit, links kreuzt hinten, rechts seit, links kreuzt vorne, rechts seit, links tippt neben rechten Fuß auf.

Takt 3-4: Acht Schritte links herum (links beginnt): links seit, rechts kreuzt vorne, links seit, rechts kreuzt hinten, links seit, rechts kreuzt vorne, links seit, rechts neben links stellen.

Takt 5: Vier kleine Schritte in die Mitte – rechts beginnt, vierter Schritt links tippt.

Takt 6: Vier kleine Schritte zurück, links beginnt.

Takt 7-8: Langsam die Arme heben.

Diesen Tanz zunächst einstimmig, dann zwei- oder vierstimmig tanzen.

Text und Melodie: Kommunität Gnadenthal, © Präsenz-Verlag, D-65597 Gnadenthal

**Gespräch**

Licht werden. Geht das?

**Basteln**

Fensterbild

Nebenstehenden Weihnachtsstern in beliebiger Größe vergrößern. Konturen ausschneiden und mit gelbem Transparentpapier hinterkleben. Kleine Kinder können den Stern auch nur anmalen.

**Spiel**

Wortspiel:
Wir suchen gemeinsame Worte, in denen ein „Stern" vorkommt. Dieses Spiel eignet sich gut als Wettspiel in Tischgruppen. Die Gruppe gewinnt, die in einer festgelegten Zeit die meisten Begriffe findet. Jedes Kind dieser Gruppe bekommt einen Stern.
oder: Wir suchen Worte, die aus zwei Begriffen zusammengesetzt sind. Einer fängt an mit Sternstunde; es geht weiter mit Stundenbuch, Buchseite, Seitenschneider, Schneiderschere, Scherenschnitt etc.

**Pause**

Essen und trinken

**Basteln**

Geschenkkästchen für unsere Batik
oder wir malen ein Bild von der Krippe als Weihnachtsgeschenk für einen lieben Menschen.
Jedes Kind erhält eine vorher kopierte Abbildung des Stalles. (Die Kopiervorlage finden Sie im hinteren Teil des Buches)

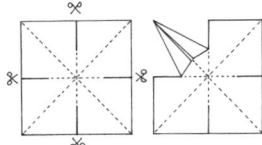  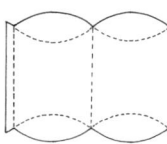 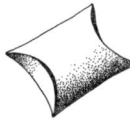

Sternkette aus buntem Tonpapier
Nebenstehende Sternform beliebig vergrößern und Schablonen ausschneiden. Für jedes Kind mehrere Sterne auf verschiedenfarbigem Tonpapier aufzeichnen oder aufzeichnen lassen. Die Sterne werden von den Kindern ausgeschnitten und zu einer Kette zusammengefügt (siehe nebenstehende Zeichnung).
Mit den gleichen Schablonen können auch Sterne als Hängesterne gebastelt werden. Für jeden Anhänger werden zwei ausgeschnittene Sterne benötigt. Sie sollen versetzt übereinandergeklebt werden. Ein Bändchen zum Aufhängen wird durch eine Zacke gezogen.

**Liedkreis**

Liedkreis um den Kerzenbaum
Jedes Kind hängt einen Stern daran, dabei erzählt es von dem Menschen, den das Kind als besonders gut bzw. strahlend empfindet.

Vaterunser in Gesten
Weihnachtsgeschichte

*„Die Geburt Jesu"*
(Mt. 1,18-25)

*Zu jener Zeit ordnete Kaiser Augustus an, daß alle Bewohner des römischen Reiches in Steuerlisten erfaßt werden sollten. Es war das erste Mal, daß so etwas geschah. Damals war Quirinius Gouverneur der Provinz Syrien. So zog jeder in die Heimat seiner Vorfahren, um sich dort eintragen zu lassen. Auch Josef machte sich auf den Weg. Von Nazaret in Galiläa ging er nach Betlehem, das in Judäa liegt. Das ist der Ort, aus dem König David stammte. Er mußte dorthin, weil er ein direkter Nachkomme Davids war. Maria, seine Verlobte, begleitete ihn. Sie erwartete ein Kind. Während des Aufenthaltes in Betlehem kam für sie die Zeit der Entbindung. Sie brachte einen Sohn zur Welt, ihren Erstgeborenen, wickelte ihn in Windeln und legte ihn in eine Futterkrippe im Stall. Eine andere Unterkunft hatten sie nicht gefunden.*

*„Die Hirten und die Engel"*

*In der Gegend dort hielten sich Hirten auf. Sie waren in der Nacht auf dem Feld und bewachten ihre Herden. Ein Engel Gottes kam zu ihnen, und Gottes heller Glanz leuchtete rings um sie. Sie fürchteten sich sehr; aber der Engel sagte : „Habt keine Angst! Ich bringe gute Nachricht für euch, über die sich alle Menschen freuen werden. Heute wurde in der Stadt Davids euer Retter geboren, Christus, der Herr! Überzeugt euch selbst: Ihr werdet ein Kind finden, in Windeln gewickelt; es liegt in einer Futterkrippe. Das ist der versprochene Retter." Plötzlich stand neben dem Engel eine große Schar anderer Engel, die lobten Gott und riefen: „ Alle Ehre gehört Gott in Himmel!*
*Sein Friede gilt allen auf der Erde,*
*die sich von ihm lieben lassen!"*
*Als die Engel in den Himmel zurückgekehrt waren, sagten die Hirten zueinander: „Kommt, wir gehen nach Betlehem und sehen uns an, was Gott uns bekanntgemacht hat!" Sie brachen sofort auf, gingen hin und fanden Maria und Josef und das Kind in der Krippe. Als sie es sahen, berichteten sie, was ihnen der Engel von dem Kind gesagt hatte. Alle, die dabei waren, staunten über das, was ihnen die Hirten erzählten. Maria aber merkte es sich genau und dachte immer wieder darüber nach. Die Hirten gingen zu ihren Herden zurück, lobten Gott und dankten ihm für das, was sie gesehen und gehört hatten. Es war alles so gewesen, wie der Engel es ihnen gesagt hatte.*

Gebet an der Krippe:
*Guter Gott,*
*wir sind so froh über das Kind in der Krippe.*
*In diesem Kind willst du uns ganz nahe sein.*
*Öffne unsere Augen und unsere Herzen*
*für das Wunder der Weihnacht:*
*Du, Gott,*
*ein Kind!*
*Ein Kind in der Krippe!*
*damit stellst Du die Welt auf den Kopf,*
*die Welt der Großen und Mächtigen,*
*die Welt der Starken und der Vernünftigen,*
*die Welt der Geschäftigen und der Besitzenden ,*
*und du stellst dich auf die Seite der Kinder.*

Nach dem Segen wird jedem Kind ein Sternchen auf die Stirn geklebt
Lied: *„Tragt in die Welt nun ein Licht"* (nicht im Liedanhang)

# STERNSTUNDEN
## UNTERWEGS ZUM LICHT

**Adventskalender**

## DIESE UHR ZÄHLT DIE TAGE BIS WEIHNACHTEN

Diese Kalenderuhr sollte möglichst auf dickerem Kopierkarton gedruckt werden.

Bevor sie zusammengeklebt wird, werden die Sternzacken sorgfältig eingeschnitten (ein Cutter ist zu empfehlen – bei uns haben die BetreuerInnen mitgeholfen. Sind alle Zacken eingeschnitten, werden beide ausgeschnittenen Kreise übereinandergeklebt. Die 1 liegt über der Zahl 24. Die erste Zacke wird aufgeklappt: Der Zeiger wird mit einer Musterklammer aufgesteckt – Täglich bekommt unser Stern eine Zacke mehr. An Weihnachten ist ein vollständiger Stern zu sehen.

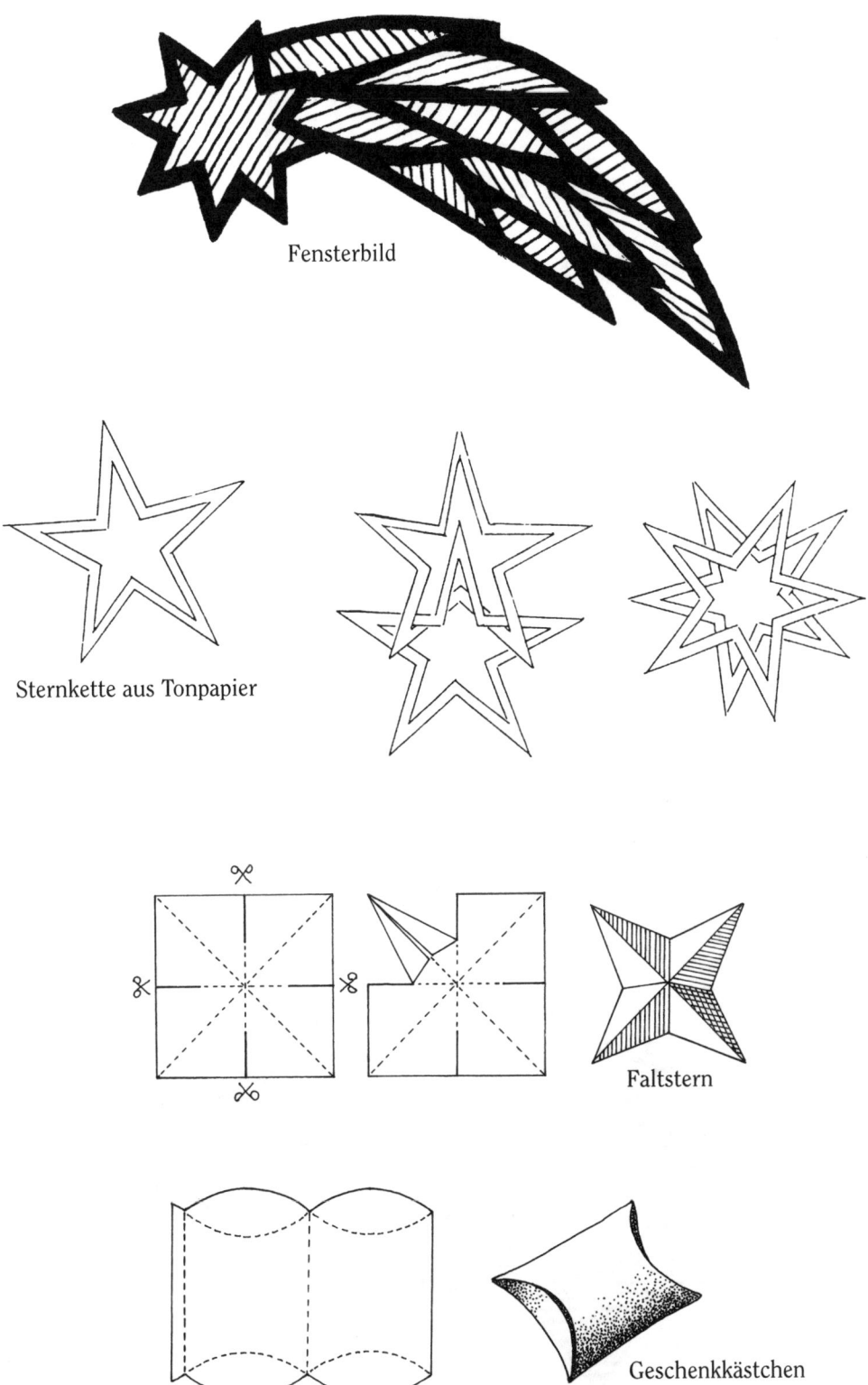

Fensterbild

Sternkette aus Tonpapier

Faltstern

Geschenkkästchen

127

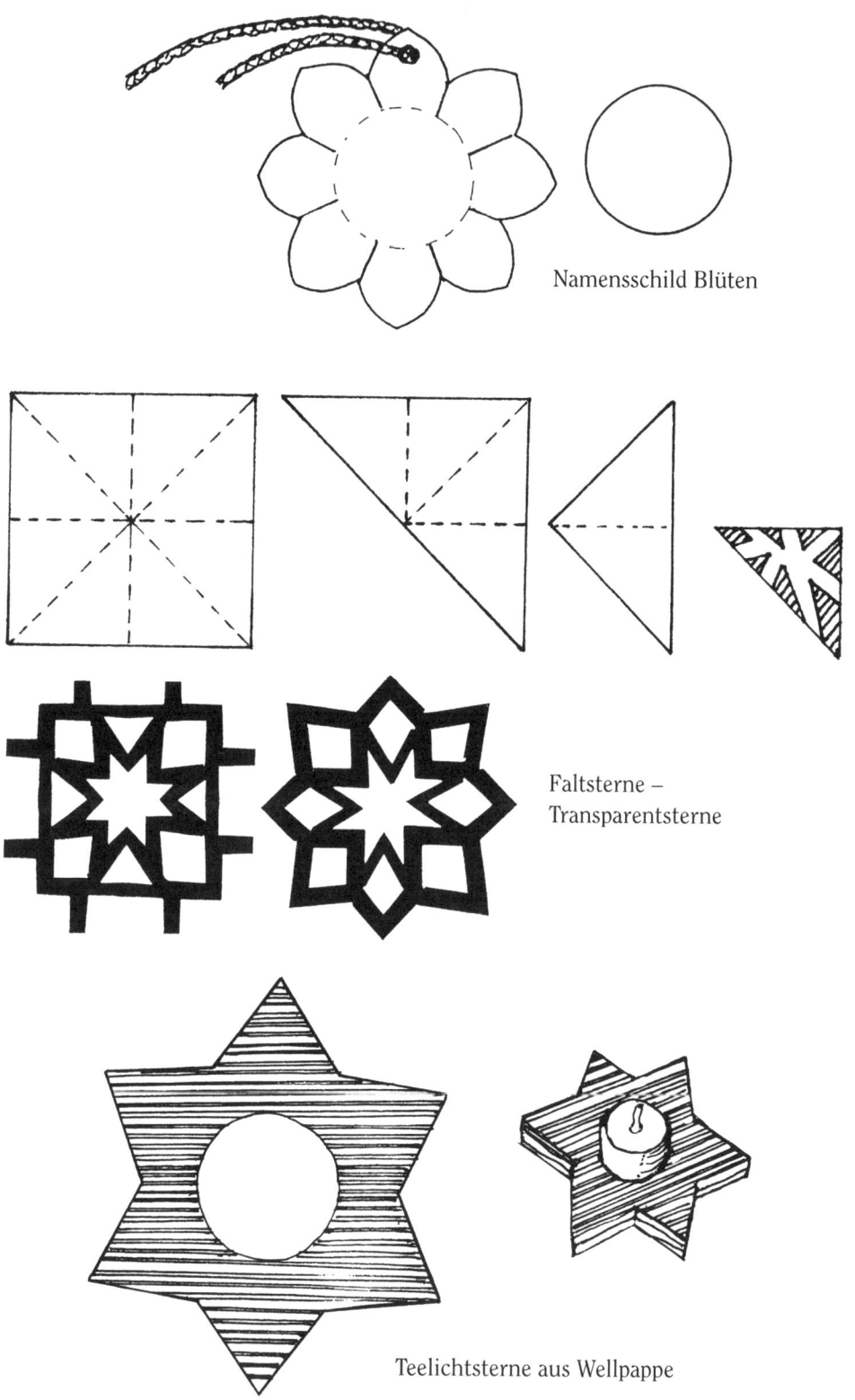

Namensschild Blüten

Faltsterne –
Transparentsterne

Teelichtsterne aus Wellpappe

# STERNSTUNDEN LIEDER

Sei gegrüßt, lieber Nikolaus

1. Der Ni - ko - laus ist hier. Schon klopft es an die Tür. Wir ru - fen laut: "Her - ein!" Da tritt er bei uns ein. *Alle:* "Sei ge — grüßt, lie - ber Ni - ko - laus! Wie - der gehst du von Haus zu Haus. Al - le Kin - der lie - ben dich, war - ten schon und freu - en sich, teilst du dann dei - ne Ga - ben aus. Dan - ke schön, dan - ke schön, lie - ber Ni - ko - laus."

2. Der Nikolaus ist hier.
Hat jemand Angst vor mir?
Wir rufen ganz laut: „Nein!"
Dann komm ich gern herein!
Sei gegrüßt lieber Nikolaus ...

3. Du bist ein lieber Mann!
das sieht dir jeder an!
Siehst wie ein Bischof aus!
Wie Bischof Nikolaus!
Sei gegrüßt lieber Nikolaus ...

4. Der Bischof Nikolaus
ging einst von Haus zu Haus.
da warn die Kinder froh.
Und das ist heut noch so!
Sei gegrüßt lieber Nikolaus ...

5. Mußt du dann weitergehen
und sagst du auf Wiedersehen,
gehn wir mit bis zur Tür,
und alle winken dir.
Sei gegrüßt lieber Nikolaus ...

Text: Rolf Krenzer
Musik: Detlev Jöcker
aus Buch, CD und MC:
Hört ihr alle Glocken läuten
Alle Rechte im Menschenkinder
Verlag, 48157 Münster

## Sagt es leise weiter

Sagt es lei-se wei-ter, sagt al-len die sich fürch-ten, sagt lei - se zu ih - nen: Fürch-tet euch nicht, habt kei-ne Angst mehr, Gott ist da. Habt kei-ne Angst mehr, Gott ist da.

Text: Barth/Grenz/Horst
Musik: Detlev Jöcker
aus Buch und MC:
Die gute Nachricht weitersingen
Alle Rechte im Menschenkinder
Verlag, 48157 Münster

## Knospen springen auf – Barabaralied

Knos-pen sprin-gen auf, Blü-ten an den Zwei-gen blü-hen in der Win-ter-nacht. Neu-es Le-ben ist er-wacht. Gott will durch sein Kind sei-ne Lie-be zei-gen.

Text: Rolf Krenzer
Musik: Detlev Jöcker
aus Buch, CD und MC:
Weihnachten ist nicht mehr weit
Alle Rechte im Menschenkinder
Verlag, 48157 Münster

# Weihnachten ist nicht mehr weit

Dik-ke ro-te Ker-zen. Tan-nen-zwei-gen-duft, und ein Hauch von Heim-lich-kei-ten liegt jetzt in der Luft. Und das Herz wird weit. Macht euch jetzt be-reit : Bis Weih-nach-ten , bis Weih-nach-ten ist nicht mehr weit.

2. Schneidern, Hämmern, Basteln
überall im Haus.
Man begegnet hin und wieder
schon dem Nikolaus.
Ja, ihr wißt Bescheid!
Macht euch jetzt bereit:
Bis Weihnachten,
bis Weihnachten
ist nicht mehr weit!

3. Lieb verpackte Päckchen
überall versteckt,
und die frisch gebacknen Plätzchen
wurden schon entdeckt.
Heute hat's geschneit!
Macht euch jetzt bereit:
Bis Weihnachten,
bis Weihnachten
ist nicht mehr weit!

4. Menschen finden wieder
füreinander Zeit.
Und es klingen alte Lieder
durch die Dunkelheit.
Bald ist es so weit!
Macht euch jetzt bereit:
Bis Weihnachten,
bis Weihnachten
ist es nicht mehr weit!

Text: Rolf Krenzer
Musik: Detlev Jöcker
aus Buch, CD und MC:
Hört ihr alle Glocken läuten
Alle Rechte im Menschenkinder
Verlag, 48157 Münster

Wacht auf und schlaft nicht mehr

1. Wacht auf und schlaft nicht mehr hier drau-ßen bei den Schafen. Ge-bo-ren ist der Herr! Das dürft ihr nicht ver-schla-fen! Auf, auf weil Je-sus Christ zur Welt ge-kom-men ist! Auf, auf, weil Je-sus Christ zur Welt ge-kom-men ist! Wacht auf und schlaft nicht mehr hier drau-ßen bei den Scha-fen.

2. Wacht auf und schlaft nicht mehr
hier draußen bei der Herde.
Geboren ist der Herr
des Himmels und der Erde!
Lauft, lauft zum Stall geschwind,
ihr findet Gottes Kind.
Lauft, lauft zum Stall geschwind,
ihr findet Gottes Kind.
Wacht auf und schlaft nicht mehr
hier draussen bei den Schafen.

3. Wacht auf und schlaft nicht mehr,
daß allen kund es werde:
Geboren ist der Herr!
Sein Licht geht um die Erde!
Lauft, lauft zum Stall hinaus!
Schickt Gottes Botschaft aus!
Lauft, lauft zum Stall hinaus!
Schickt Gottes Botschaft aus!
Wacht auf und schlaft nicht mehr,
daß allen kund es werde.

Text: Rolf Krenzer
Musik: Detlev Jöcker
aus Buch und MC:
Hört ihr alle Glocken läuten
Alle Rechte im Menschenkinder
Verlag, 48157 Münster

Laßt euch anstiften zur Freude

1. Laßt euch an-stif-ten zur Freu-de? Laßt uns
Freu-den-stif-ter sein. Und es fin-den hier und
heu-te vie-le Leu-te wie-der Freu-de, und kein
Mensch ist mehr al-lein, denn Gott selbst wird bei uns
sein. Hal-le-lu-ja, Hal-le-lu-ja, denn Gott
selbst wird bei uns sein. ...selbst wird bei uns sein.

2. Laßt euch anstiften zur Hoffnung!
Laßt uns Hoffnungsstifter sein!
Und es finden hier und heute
viele Leute
wieder Hoffnung,
und kein Mensch ist mehr allein,
denn Gott selbst wird bei uns sein.

3. Laßt euch anstiften zum Frieden!
Laßt uns Friedenstifter sein!
Und es finden hier und heute
viele Leute
wieder Frieden,
und kein Mensch ist mehr allein,
denn Gott selbst wird bei uns sein.

4. Stiftet an mit hellem Leuchten!
Tragt es in die Welt hinein.
Als das Kind im Stall geboren
so verloren,
kam ein Leuchten
mit ihm in die Welt herein,
denn Gott selbst wird bei uns sein.

5. Laßt euch anstiften zur Liebe,
denn dann findet Frieden statt.
Weil im Stall das Kind, das kleine,
ganz alleine
zu der Liebe
alle angestiftet hat.
Und so findet Frieden statt.

Text: Rolf Krenzer
Musik: Detlev Jöcker

aus Buch und MC:
Weihnachten ist nicht mehr weit
Alle Rechte im Menschenkinder
Verlag, 48157 Münster

Wenn wir uns die Hände geben

2. Wenn wir uns die Hände reichen,
bleiben Fremde nicht allein.
Hand in Hand, das sei das Zeichen,
werden wir bald Freunde sein.

3. Wenn wir uns die Hände reichen,
dann ist keiner mehr allein.
Angst und Kummer müssen weichen,
und es zieht der Friede ein.

4. Laßt uns drum die Hände geben,
daß es jeder spürt und weiß,
daß wir miteinander leben!
So wie hier in unserm Kreis.

5. Laßt uns fest die Hände drücken
und uns in die Augen sehn.
Unsre Hände sind die Brücken,
die zum andern Menschen gehn.

Text: Rolf Krenzer
Musik: Detlev Jöcker
aus Buch und MC:
Weihnachten ist nicht mehr weit
Alle Rechte im Menschenkinder
Verlag, 48157 Münster

Beten mit Leib und Seele

Die Gesten werden ruhig und fließend vollzogen.

| | | |
|---|---|---|
| | *Vater unser im Himmel,* | Beide Arme ellbogenhoch erheben, Hände nach oben öffnen |
| | *geheiligt werde Dein Name!* | Arme und Hände langsam nach oben führen |
| | *Dein Reich komme!* *Dein Wille geschehe!* | Die Hände gehen weiter auseinander (im Kreis wie eine Krone). |
| | *wie im Himmel, so auf Erden!* | Der rechte Arm zeigt nach oben, der linke Arm zeigt nach unten. |
| | *Unser tägliches Brot gib uns heute,* | Die Hände werden vor dem Körper wie eine Schale gehalten. |
| | *und vergib uns unsere Schuld,* | Die linke Hand geht nach links, die rechte ebenfalls und deckt die linke zu. |
| | *wie auch wir verge- ben unseren Schul- digern!* | Die rechte Hand legt sich auf die ausge- streckte Hand des rechten Nachbarn. |
| | *Und führe uns nicht in Versuchung,* | Arme ausstrecken – nach vorne – waage- recht – überkreuzen |
| | *sondern erlöse uns von dem Bösen!* | Die überkreuzten Arme werden nach oben geführt und plötzlich gelöst. |
| | *Denn Dein ist das Reich* | Die Arme werden nach oben gestreckt. |
| | *und die Kraft und die Herrlichkeit in Ewigkeit,* | Jeder faßt seinen Nachbarn an den erhobe- nen Händen, die sich langsam senken. |
| | *Amen* | Langsame, tiefe Verbeugung zur Kreismitte, zum Altar und voreinander – und füreinander |